「忌」怖い話《いまわのこわいはなし》
小祥忌《しょうしょうき》

加藤 一

竹書房
怪談
文庫

※本書に登場する人物名は、様々な事情を考慮して一部の例外を除きすべて仮名にしてあります。また、作中に登場する体験者の記憶と体験当時の世相を鑑み、極力当時の様相を再現するよう心がけています。現代においては若干耳慣れない言葉・表記が登場する場合がありますが、これらは差別・侮蔑を意図する考えに基づくものではありません。

端書き

怪談ジャンキーの皆さん、御無沙汰しています。

二〇二〇年の初春は、まさかの展開となりました。コロナ禍により、家から一歩も出られない日々を過ごされている方も少なくないかと思います。僕もです。

夜半、そっと家を抜け出すと、まるで世界が静止してしまったかのようです。

目に見えない何かに目を付けられてしまわないよう皆が息を潜めている様子は、怪談ジャンキーの皆さんがよく知るシチュエーションにすら似て見えてきます。

そう。僕らには見えなくても、彼らには見えている。

僕らが怯える様を、奴らは見ている。こんなときですら、怪談に擬《なぞら》えてしまいます。

本書『「忌」怖い話』第五巻のタイトルにある「小祥忌《しょうしょうき》」とは、一周忌の別名だそうで、「大切な人を亡くして初めてそのありがたさが分かる」という意味を含むそうです。

ありふれた日常をなくした今、そのありがたさを今更ながら噛みしめている方も少なからずいることでしょう。本書があなたのいつもの日々を思い出す糧となりますよう。

著者

目次

新郎新婦による花束贈呈です

光石さんの会社の運転手さんは、先頃慶事があったらしい。

「いえね、息子が結婚したんですよ。これ、そのときの写真」

どこかの式場で撮影されたもののようで、タキシードの新郎とウェディングドレスの新婦が花束を手にしている。

式はちょうど新郎新婦がそれぞれの両親に花束を贈呈するところだった。花束を受け取る燕尾服の壮年男性が運転手さん。満面の笑みを浮かべつつ、両の目頭を押さえて感極まっている様子からは、式場での慶《よろこ》びが漏れ伝わって感じられる。新婦の両親もまた娘の晴れ姿に頰を弛《ゆる》め、花嫁の父など泣き崩れんばかりの様子である。写真の中央には、新郎側なのか新婦側の関係者なのかは分からないが、礼服を着た壮年男性が写っていた。

深々と頭を下げ、参会者に礼をしている。

運転手さんを含めた新郎の両親、新婦の両親と合わせて四人いるので、この五人目はどういう繋がりの人だろう。

言祝《ことほ》ぎの場で、喜びが前面に出すぎて舞いあがってしまった親戚のおいちゃん、という風にも見える。

「この方、どなたですか？　御親戚？」

「いやそれが、誰だか分からんのです」

親戚一同にも、新郎新婦の友人知人同僚上司にも見せて訊ねてみたのだそうだ。

ところが、それが何者なのか誰も知らない。

「え。それじゃ、見ず知らずの赤の他人が、乱入しちゃってたんですか」

一生に一度であろう感動の場に、これは些か無礼ではなかろうか。

「いやそれがね。この写真を撮ったとき、ここには誰もいなかったんです。舞台の上にいたのは、息子と花嫁と私ら夫婦と花嫁の御両親、舞台袖に司会の人がいたくらいで」

息子夫婦よりも前に出て深々と頭を下げる人物がいたら、嫌が応にも視界に入る。

が、そんな記憶はない。

喜びの酒が回っていて、失念していただけなのかと自分を疑ってもみた。

だが、この写真を撮った撮影者も、招待客としてテーブルに座っていた人々も、誰もが口を揃えて言う。

「誰もね、こんな人いなかった、って。皆そう言うんですよ」

言われて写真を二度見した。

お辞儀をする見知らぬおいちゃんは、極めて普通。透けてもいないし歪んでもいない。彼だけがモノクロで、というようなこともない。

そんな人は最初からそこにはいなかった、と言われなければ、「最初からこの人は普通にここにいた」と頭から信じてしまいそうになるくらいには、くっきりはっきりと写っていて、〈そういう写真〉にはおよそ思えない。

「でも、この人も嬉しそうでしょ。祝ってもらってるみたいで、縁起良さそうだなって」

不思議と心温まる気持ちになれる一枚なので、写真のおいちゃんについてそれ以上の詮索はせず大切にしている、とのこと。

旅先の一葉

「お仕事何されてるんデスかー？　作家サン？」

「ええと、怖い話の本なんかを書いていまして」

自分の身分・職業を説明するとき、毎回このやりとりをしている。

怪談以外の仕事もしていない訳ではないのだが、何分にもモノカキという身分の怪しさもあってか、〈Ａｍａｚｏｎで著書が売られていて、ウィキペディアに自分の項目がありますす〉とスマホの画面を見せて自己紹介すると、名刺を渡すよりも信用を得やすくなる。

そしてこのやりとりをすると、大抵の人は「ああ、そういえば前にこんなことがあったんですよ」と言葉を継いで下さるので、初対面の方への自己紹介と取材の切り口はいつもセットになっている気がする。

出入りの生命保険の営業担当の徐さんは中国出身で、当初留学生として来日した。

「その頃ね、旅行もしたんデスよー」

中国人は自国内でも旅行などに制限がある場合があって、どこにでも行きたいところにいつでも行けるとは限らない。

だが、日本では外国人であろうとも移動・旅行には特に大きな制限がない。

このため、名所旧跡から先進都市から地方の有名観光地から、行きたいところをどこでも選び放題で旅ができることが日本の国内旅行の魅力の第一であるという。

観光地としての日本の魅力はと聞かれると、日本人自身には気付きにくい点も多いのだが、「都内から日帰りで行ける場所に、幻想的な旧跡古刹があるところ」を挙げる外国人は多い。

言われてみれば東京から大阪、京都へは新幹線で日帰りできるくらいで、都内から関東周辺なら感覚的には「ちょっとそこまで」と言えなくもない。

そして徐さんはそのときの旅先に、日光東照宮を選んだ。

旅行というよりは、婚約者と一緒の近距離デートといった風であった。

京都ほどではないのだろうが、江戸時代に初代将軍を祀るために建立されたという由緒ある神社である。何より都内から近いのがいい。

山の中に設えられた巨大な山門や本殿は、なかなか迫力がある。

境内のあちこちに日本人や外国人の観光客が溢れかえっていて、思い思いの場所で記念撮影などしていた。

徐さんは「自分達も写真を撮ろう」と、良さそうな撮影スポットを物色した。

背景に本殿の壁が写り込むように撮るには、自撮り棒では長さが足りない。

「三脚持ってくればよかったかしら」

困っていると、通りがかった観光客がシャッターを押してくれるという。

親切に甘えてデジカメを渡し、一枚撮ってもらった。

どれどれ——と撮影してもらった一枚を確かめると、徐さんと婚約者の間に足が写っていた。

スラックスを穿いた下半身であると思う。

たぶん右足である。

それが一本だけ、二人の間から突き出すように生えている。

二人は建物に背中を預けるようにポーズを取っていたはずである。

背中と建物の間に人が入り込む隙間はない。

何より、片足しか写っていない。

上半身がどこにもない。

「何だこりゃ」

婚約者は目を丸くし、徐さんは首を捻った。

「後にも先にも、自分が撮った写真にそんな変なの写ってたの、そのときだけデスよー。中国にいたときもそんなのなかっタ」

じゃあ、旦那さんもびっくりしたでしょう？

「ああ、婚約者とはその後別れてしまっタので」

原因がその写真にあったかどうかは不明である。

小洒落た女

　眠巣君は最近職場が変わったらしい。

　以前は東京都心からちょっと離れた都下にある上水の町だったが、今は都心のど真ん中に通っているのだという。

　新しい職場はというと、ビルの谷間から東京タワーが見えるようなところ。

　——都心も都心、東京のど真ん中じゃないですか。

「そうなんですよ。お洒落な町なんですよ」

　見当で言うと慶応大学の近所にあるビル街で、それこそ小洒落たビジネス街の住人や、小洒落た大学生がそこかしこをうろうろしている街である。

　朝、職場を目指してそんな小洒落た街の少し大きい通りを歩いていると、眠巣君の目前をこれまた小洒落た女が歩いていた。

　丈の短いベージュのコート。学生か勤め人かは分からないが、その後ろ姿は如何にもこの街の住人らしく思えた。

　前を歩く女は、歩道をスッと左に曲がった。

通い慣れた道なのか、何の迷いもなく表通りから離れる。
(あれっ?)
眠巣君は微かな違和を感じた。
ビルに入っていくのかと思っていたが、女はビルを通り過ぎてから曲がった。
あのビルの向こう側って、何だっけ。
路地とか、ビルの裏に回る隙間とか、そういうのあったっけ。
眠巣君にとっても、ここは最近毎日通う通勤路である。
昨日も通ったし一昨日も通った。ここ、曲がれるような道あったっけ。
ビルの通用口とかそういうのがあるんだっけ。
そんなぼんやりとした小さな違和感を抱えたまま、女が曲がった辺りに差し掛かる。
ふと、そちらを見る。
そこには、道がない。
路地もない。
ビルの裏手に続く通用口なんてものもない。
あるのは急な階段だった。
鳥居と石柵、その先には山門のような石の階段。

階段を上りきったところに社殿が見える。

神社である。

ああ、と納得しかけて、いやいやと首を振る。

女の姿がない。

女が眠巣君に先んじて角を曲がったのは、たった数秒前である。

階段を上る以外に人が通れる場所がない。石柵を跨《また》いで……いや、これ無理だ。コートにスカートの女が気軽に跨げるようなものではない。

そして階段は、ビル数階分ほどの高さまで延々続く長い一本道の参道である。

見上げた長い階段を数秒で頂上まで駆け抜けるのは、誰であっても難しい。

女はどこへ消えたのか。


尚、場所は三田の春日神社であるとのこと。

お近くまでお寄りの際は、数秒で駆け上がれるものかどうかお試しいただきたい。

その折には、参拝もお忘れなく。

最敬礼

迫水氏とその彼女がドライブに行ったときの話。

道すがら、大きな神社が見えてきた。

「ねえ、折角だからお詣りしていこっか」

「いいね」

二人は参道から大分離れた駐車場に車を駐め、長い階段を上った。

上りきったところにある境内は、ぽっかりと開けていて不思議と気分がいい。

「こういうのパワースポットとか、スピリチュアルスポットとか言うのかな」

「色々御利益ありそうだよね」

本殿の手前には祢宜《ねぎ》や巫女の詰め所らしきおみくじ売り場がある。

寂れた神社となると常駐している宮司すらいなかったりすることがあるが、ここは観光コースになるほど名の知れた神社であったので、神職と思しき人々がそこかしこにいる。

とはいえ、行楽シーズンや週末を外しているからか境内には参拝客の姿はほぼなく、宮司と巫女がのんびり談笑などしている。

「何というか、のどかだねえ」

「いいときに来たねえ」

二人は本殿に向かった。

二礼、二拍手、一礼。

深々と頭を下げ、家内安全子孫繁栄など願って拝礼を終えた。

「じゃ、帰ろうか」

と、声を掛けると、彼女は本殿脇の詰め所にも頭を下げた。

「あれ、何してんの？」

と詰め所を見ると、宮司や巫女など詰め所にいた神職の全てが、横一列にずらりと並んで深々と礼を返している。

迫水氏と彼女の他に、境内に人はいない。

——何故最敬礼!?　ここはそういう作法の場所か？

と、迫水氏は彼女に倣って慌てて頭を下げる。

再び顔を上げたとき、神職の人々は銘々の仕事に戻り、暇を持て余した雑談の続きに花を咲かせるなどしていた。

神職全員が一列に並んでの最敬礼から、その間、ほんの数秒である。

今の、何。

「……あの。もしかして、この神社の人達、アナタのお知り合い？」

恐る恐る彼女に確かめてみる。

「知らない」

余程強い何かを背負っているのか宿しているのか、迫水氏は彼女と過ごしているとしばしばこうした瑣末《さまつ》な異事に遭遇するのだという。

怪異と呼ぶには瑣末すぎるのだが、それ故に扱いに困るらしい。

春のスキーリゾート

岐阜県の山中に、中部西日本で最大級のスキーリゾートがある。

幾つもの尾根を跨いで、幾つもの難易度のコースが連なる大規模なスキー場である。

とはいえ、それは雪がある冬季シーズンの話で、雪が消えて春の芽吹きが山を覆う季節になると、スキーリゾートは次の冬までその営みを終えて眠りに就く。

が、雪のないスキーリゾートにも、春ならではの楽しみというものがある。

このスキーリゾートでは、春のこの時期に限ってゲレンデが一般向けに開放される。

雪のない春山の楽しみといえば、山菜。

冬場とは訪れる人々の顔ぶれも年齢層も違い、およそハイシーズンに雪上を滑走するようなことをしそうにない年寄りや家族連れまでもが、春山の恵みを目指してやってくる。

迫水氏は彼女と連れ立ってドライブを兼ねてこの山を訪れた。

スキーリゾートの麓にある駐車場に車を駐める。

一歩、車を降りればそこには雄大な大自然のパノラマが広がっている。

「……これは言葉が出ないいな」

遮るもののない山々を見上げると、青々とした芽吹きが目にも眩しい。雪の季節のそれとは何もかもが違って見える。

ハイシーズンのスキーリゾートと今の最大の違いはというと、スキーリフトが動いていないことだろうか。つまり、この斜面を――本来スキー板やスノーボードで楽しく滑り降りるこの坂を、自分の足で登らなければならないのだ。

山歩きに慣れた彼女のほうは、足取りも軽く坂を登っていく。

が、インドア仕事、インドア趣味の迫水氏は、幾らも歩かないうちに息が上がってきた。

麓に近い初心者用のゲレンデは、すぐに滑り終えてしまう短くて狭い場所……のような印象ばかりを抱いていたが、自分の足で土を踏んで登るとなれば話は別である。

比較対象がないせいで見た目には楽勝に見えたが、浅はかであった。

「あのさ、まあちょっと早いかなと、自分でも、うん、思うんだけどさ、少し早めに、昼飯に、しないか」

目に付いた山菜を摘みながら遙か先を歩く彼女に、迫水氏はなけなしの声を張り上げてランチを呼びかけた。

「そうね！　休憩がてら御飯にしようか！」

彼女は、軽やかな足取りで坂を下ってきた。

「滑るときは、こんなの緩くて物足りないって思うくらいなのに、歩いて登るとなると全然違うな。ほんとにここ初心者用ゲレンデなのか」

「上級者用のコースだったら、こんなもんじゃ済まないでしょ？　瘤とかたくさんあって、垂直な壁かなって思うくらいきついじゃない。アレに比べれば軽い軽い」

軽口を叩きながら、二人は比較的平坦な場所を探してピクニックシートを広げた。

荷物を広げようとしたところで、それに気付いた。

傍らに花がある。

いや、それは自然の野花ではない。

花束である。それが二つ、コースのほぼ中央辺りに置かれている。

二人は顔を見合わせた。

上級者がコースアウトして滑落、そのまま遭難するという事故はしばしばある。

中級者が立木やリフトのシャフトに激突という事故も偶にある。

一方で初心者の事故もない訳ではない。

方向転換にもたつく初心者と、思い通りに方向やスピードを制御できないまま猛烈なスピードで暴走してしまった初心者が、初心者用のゲレンデで接触する、とか。

漫画的表現なら瘤の一つで尻餅を突くような描写が想起されるところだが、この初心者同士の激突は未経験者が想像しているより遥かに重大な事故に繋がる。

立ち止まっているスキーヤーと、ブレーキのかけ方が分からないまま速度の乗った状態で突っ込んでくるスキーヤー。

それは、走行するバイクと歩行者の衝突事故に相当する程度の運動エネルギーを持つ。

当たり所によっては、どちらも死ぬ。

この花束は、〈供えられた〉ものだ。

つまり、まあ〈そういうこと〉なのだろう。

どこか他の場所にとも思ったが、シートを広げられるような平坦な場所は案外少ない。

ならば、花束が視界にさえ入らなければいい、ということにして、少しだけ離れたところにシートを敷き直した。

「じゃあ、お疲れ様」

ここに来る途中に買い物しただけのありものだが、サンドウィッチにおにぎり、それから彼女はビールを、迫水氏はこの後も車の運転があるのでコーラを開けて、乾杯した。

空気はうまく、天気もいい。汗を掻いた身体には、山肌を流れていく風も心地よい。

ただ、今ひとつ座り心地がよくない。

シートを敷くのに一番良さそうなところには、花束の先客がある。

それを押し退ける訳にもいかないから我慢はするが、地形が悪いのかどうにも尻がうまく据わらない。

迫水氏は座り直そうかと思って、一度立ち上がった。

――スッ。

その目の前を何かが過ぎった。

鳥が空を滑空するくらいの速度だったと思う。

一瞬すぎてその正体が分かりかねたが、鳥ではなかったと思う。

何かもっとふわっとした、白い靄《もや》のようなもの。

気になる。

気にはなるけど、気にしない。

騒ぎ立てるようなことはしたくない。今は彼女とデート中であり、楽しいランチの最中なのだ。素知らぬ顔でランチを続行すべきである。

「景色がいいねえ」

「そうだねえ」

――スッ。

再び何かが目前を過ぎった。

目を擦ってみたが、自分の目には問題はないらしい。

周囲を見渡してみたが、鳥はいない。虫がいるでもない。

何だか分からないが、分からないので気にしない。

実のところ、彼女も何らかの異変に気付いてはいる様子だった。

一瞬、宙空を視線で追い、目を泳がせて逸らしている。

が、そのことを話題に挙げてこないので、こちらからも触れない。

重ねて言うが、ドライブデート、山菜採りデートの最中なのである。その空気を壊すような話題はこの場にふさわしくない。

何か、何か話題を。

迫水氏は目前の問題に触れないよう、話題を振った。

とはいえ、大自然の中にいるからといって、高尚な話題がすぐに出てくる訳ではない。

よしんば出てきてもそれが続かない。互いに興味のない話題は却って場を白けさせてしまう。だからといって当たり障りのない会話などもってのほかだ。

今はデート中なのだ。

——スッ。

再びの滑空物。

だが、何度も何度も視界に飛び込んでくるそれを目撃するうちに、迫水氏には段々その正体が分かるようになってきた。

最初、鳥かと思った。

次に白い靄の塊だと思った。

しかしそれは、それらのいずれでもなかった。

スキー帽とゴーグルだった。

スキーヤーの姿はない。

スキーウェアも見かけなかった。

辺りに雪はないのである。季節が違う。

が、先程から繰り返し迫水氏の視界を過ぎってきたそれは、明らかにスキー帽とスキー用のゴーグルであった。いずれも半透明で、僅かに向こうが透けて見える。

そのスピードは、鳥の滑空ほど、と思った。

だが、正体が見えてきたことで分かった。それはちょうど初心者が斜面を滑るくらいの早さと同じだ、ということだ。

ああ、そうか。そうね。そういうことか。

迫水氏は合点した。

「……あのさ。もう行こうか」

「そうね」

彼女も特に反対はしなかった。

二人は早々にランチを切り上げると、手早くシートを畳んで坂を登った。

斜面に生える山菜を毟《むし》り集める。

我々は怖くて逃げだしたんじゃないぞ。当初の予定通り、山菜採りをしたぞ。我々は行楽を楽しんだのだ。デートをやりきってやったぞこんちくしょう。

半ばやけくそ気味にも感じられたが、二人は満足いく程度に山菜取りを堪能した。

そして、例の場所を通るのは厭なので、ランチを広げたところは迂回して山を下りた。


帰りの車内。

デートは成功裏に終わったと思うが、もはや話題は尽きていた。

「……あのさあ」

「何」

「さっきのスキー場さあ、何か見なかった？」

迫水氏は、先程からの疑念を確認せずにいられなかったので、その話題を振ってみた。

「ああ、いたね」

よっしゃ！　と心の中でガッツポーズ。

やっぱり見えてたの、俺だけじゃなかった。

「いたよね。そうだよね。ス」

スキー帽とゴーグルがいたよね、と切り出そうとすると、彼女はぼんやり外を眺めながら言葉を継いだ。

「大角の旦那見たよ」

は？

大角？

「雄鹿、だと思う。この山の主って感じだったね」

そんなもん、いたか？

「んな訳ないでしょうよ。もっとこう、さあ」

スキー帽とゴーグルが、

「でも見えたよ。前脚ピーンって伸ばしてさあ、ポーンって飛んでたよ。凄いよね。鹿ってあんなに高く飛ぶんだねえ。半透明だったけど」

半透明の雄鹿とかでなくて、あの、半透明のスキー帽とゴーグル……。

「気にしなくていいよ。私達、たぶん同じものか、同じ原因のものを見てたんだよ。ただ、私とあなたで見え方が違うだけ」

彼女はそれ以上は詮索するな、と話を終えた。

そうか。

気にしたら負けか。

納得した訳ではないが、迫水氏はそれ以上気にするのをやめた。

豪快な失せ物

「物が失せて困る」

迫水氏は、何ともストレートな相談事を受けた。

相談主は彼女である。

まあ、物忘れというのは誰にでもある。やったつもり、置いたつもりになっていただけ、ということもある。

それともいよいよ呆けてきたのかと思ったが、互いにまだまだそんな心配をする年齢でもない。

「うっかりとか、そういう話じゃないのよ」

その失せ物は随分豪快であるらしい。

出勤の支度をしていて、あれこれ詰め込んでいたやや大きめの通勤バッグ。

ほんの一瞬、目を逸らした隙にそれが消える。

目の前に置いていたそれが、その場からなくなってしまうのである。

「……ナニて?」

「だから、消えちゃうの。失せ物」

そして、そのバッグは二メートルほども離れたところに移動している。

それも畳んでいない洗濯物の山の中に埋もれていたりする。

彼女は独り暮らしである。

「……部屋に何かいるの？」

「うちだけって訳じゃないみたい」

彼女の勤め先でもそれが起きる。

検品中の商品が消えてなくなったときは、本当に血の気が引いた。

「いやでも、小物なら見失うことだってあるんじゃない？」

「畳大だよ？」

「……ナニて？」

「B0版ってあるじゃない。畳一枚分くらいの大きさ。それくらいある大物を検品してて、それが直前にあった場所からなくなるんだよ！　目を離したほんの一瞬で！」

そして、やはり思わぬ場所から出てくる。

特定の場所ではなく彼女がいる場所、行く先々で起きるので、どうも彼女に起因しているらしい、ということまでは分かる。

それは分かるが、正体は分からない。

なくなりっ放しということはなく、すぐに出てくるんだからいいじゃないか……と言いかけたが、彼女の怒りが尋常ではないのを察してその言葉を呑み込んだ。

「もうね、悪戯のつもりかもしれないけど、こっちは冗談じゃ済まないっていうか。やらかしてる奴をぶっ飛ばしてやりたい」

失せ物はその後も続いているらしい。

旧道の吸引力

二〇〇〇年代前半頃の話。

静岡県浜松市西区と湖西市の間に、浜名バイパスというバイパス道がある。豊橋と浜松の間を結ぶ重要道路で、当然ながら交通量も多い。

二〇〇五年に完全無料開放されたが、それ以前は夜間のみ無料の部分開放だった。

「だから夜が凄いんですよ。夜十時を回ると、長距離トラックが殺到してくる」

迫水氏は自宅と仕事場、浜松と豊橋の間をマイカー通勤で毎日往復していた。

大抵、行きは浜名バイパス。帰りは旧国道一号線を走って帰る。

「僕が帰宅でそこを通りかかるのが大体夜の十時十五分辺りでね。全長が十何メートルもある長距離トラックがね、マラソンのスタート地点かな、っていうくらいみっしり密集してる訳。しかも、車多すぎて渋滞して動かなかったりする。そこで普通の自動車に乗ってたりすると、もう怖いんですよ。夜の四車線道路を、でかい長距離トラックに囲まれて走るとか」

いえ、そういう怖い話は求めてないです。

「まあ、そんな具合だから、帰りは旧国道のほうを通ってたんですよ。そっちのほうが断然空いてるんで」

旧国道は豊橋から湖西に入り、途中浜名湖を越えて新居と弁天町の海沿いを通る。

バイパスができてから随分経つが、これができたことで旧国道のほうはぐっと交通量が落ち着いた。というより、寂れて鄙《ひな》びた。

どこの街でもそうだったが、バイパスができて便利になるのはそこをできるだけ早く通り抜けてしまいたい通過者であり、バイパスが主要道になると旧道とその周辺は自然と訪れる人も車も減っていく。

弁天町は小さな漁港と温泉の街で、日中こそ潮干狩り客で賑わったりもする。しかし、泊まりがけで足を伸ばすようなところでもないためか、日が落ちるとぱったりと人の気配が途絶える。

まして夜十時を回ると商店は店じまいし、地元の人々も出歩かないため人の気配がほぼ消えてしまう。

毎晩車で通っているが、こんな時間にこの道を走るのは迫水氏くらいのようで、対向車すら殆ど見かけたことがない。お陰で浜名バイパスを走るよりは大分スムーズに帰宅時間を稼げることから、この鄙びた道のことを迫水氏はそれほど嫌いではなかった。

新居町を過ぎた辺りの道沿いに中学校があった。

衰退途中の田舎町なので、都会のマンモス校の常識に照らせばさして大きくもない。近所の子供達が通っているようだが、いずれここにも少子化が押し寄せてくるのだろうか。

それでもかつては今より生徒数も多かったのだろう。旧国道を跨いで登校する生徒達のためか、学校のすぐ近くに歩道橋が架かっている。

歩道橋は大分年季が入っていた。海に近い街ではよくあることだが、歩道橋を覆っていた塗装はかなり古くなっているようで、剥がれて露出した鉄骨に真っ赤なサビが浮いている。ともすれば崩壊しそうだが、まだまだ現役のようだ。

もっとも、これだけ車通りが少ないとなれば、わざわざ歩道橋を上り下りする生徒がいるのかどうかも怪しい。迫水氏自身、この歩道橋を渡っている人を見たことがない。それもあってか、何とも時代に置き去りにされた侘しさがある。

何度となく通り過ぎたこの夜道だが、この夜は違った。

車を走らせ、歩道橋に近付く。

五十メートルも手前辺りまで近付いたところで、それは前触れもなく起きた。

ぞわり。

身体中がまさぐられるような、生理的嫌悪を含む厭な気配。

次に、身体が引っぱられた。

ハンドルを握って運転中である。

だが迫水氏の身体は進行方向に強く引かれている。

身体が引かれているというより、〈身体から引きずり出される〉かのような強い吸引力を感じる。

肉体はシートベルトで引き留められているが、その中にある身体ではない部分はシートベルトの枷と無関係に吸い出されていく。

シートに固定された身体が抜けたり浮いたりするはずはないのだ、と我に返る。

我に返っても自分の身体が吸い取られる強い引力は変わらない。

前方に引っぱられ、更には上に引き揚げられて、引き抜かれそうな感じ。

「な、何だ⁉」

対向車もない寂しい夜道である。

前照灯に照らされて浮かび上がったのは、件の歩道橋。

その歩道橋の上に向かって吸われている。

視線を上げるとそこに、人影があった。

上半身だけが見えた。

頭に頭髪はない。
白の紬《つむぎ》に、黒い布が架かっている。
——袈裟《けさ》だ。
眼前に両手を突き出し、それを噛み合わせている。
合掌しているのかとも思ったが、どうも違う。
何らかの印を結んでいるようだった。
その両手の内側に、カッと見開かれた両目がある。
僧侶、だろうか。
しかし、道路灯らしきものがほぼない夜道、歩道橋の上である。
そんな場所に、何故僧侶が。
そして、見開かれた両目は白く光っていた。
野生動物じゃないんだぞ。
人間の目があんな風に光るなんて、あるか。
歩道橋に近付くほどに吸引力は増していく。
目を合わせてはいけない。
目を瞑るのもやばい。

車を停めるなんてもってのほかだ。

迫水氏は更に深くアクセルを踏みこんだ。

普段ならスピード違反になる速度だ。学校の近くなどでは避けるべきスピードだ。

だが、こんな鄙びた夜道、どうせ誰もいない。

ただただ早くここから遠ざからなければ。その一心だった。

歩道橋の真下を通過するとき、吸引力は最大になった。

もうそのまま身体は真上に引き抜かれそうで、天井に頭をぶつけそうに思えた。

歩道橋を通過すると、今度はシートに押し付けられるほどに後ろに引かれた。

どのくらい掛かったのか分からないが、歩道橋から大分遠ざかってから、漸《ようや》く身体が楽になった。

翌日、行きも同じ旧国道を通ってみた。

誰もいなくなっている街のような気がしていたが、明るい朝の風景の中に在る歩道橋には、数人の中学生が談笑しながら歩いていた。

通勤路をあれこれ選べるほど道が多い訳でもないので今もその道を使っているが、吸い寄せられたのはこの夜の一度だけである。

笹子隧道

時期的には二十世紀の終わり頃の話。

タカシさん一家は、家族揃って少し遠出をした。

金回りのいい時代が終わって少し経ったくらいの頃だったが、バブルの余録もあって暮らしにはまだ少しゆとりがあった。

「その頃は、ガラス張りの車に乗ってたんだよな」

詳しい車種名はもう覚えていないとのことだったが、要するに前後左右の視界がやたら開けた小洒落た車だった。

家族を乗せて走る車というよりは、デートカーだったようだ。

走行中に周囲をストレスなく見渡せるので、何より娘達に評判が良かった。

まだ小さかった二人の娘さんは、この車の車窓からの風景が殊更好きだった。

車は甲府から甲州街道を通って八王子を目指していた。

山間のうねる道路と、時折現れるトンネルの繰り返しだ。

トンネルは風景が見えなくなるからつまらないだろう、と思っていたが、娘達は不意に真っ暗になるトンネルを殊の外スリリングに感じて楽しんでいるようだった。

「ほおら、次も長いぞお」

甲斐大和から笹子まで笹子雁ヶ腹摺山の山腹を貫通する長いトンネルがある。全長四七八四メートルに及ぶ笹子トンネルは、完成当時、日本で二番目の長さを誇った長大なトンネルであった。

五キロ弱にも及ぶこの長さになると、ほぼ直線のトンネルながら出口がまったく見えない。延々続くのは車列とトンネル両側の待避用歩道、そして坑内の照明灯のみである。

車がトンネルに飛び込むと、気圧差に耳がキンと鳴った。

「わーっ。耳がキーンってする！」

上の娘が面白がってはしゃぐ。

下の娘もはしゃぐ。

「ね！　パパすごいね！　すごいね！」

下の娘は窓ガラスに顔を張り付けて車外を見つめつつ、感嘆の声を上げた。

「みんなこっち見てるよ！」

みんな、とは？

前後の車とは相当に距離が離れている。ドライバーは見えない。

坑内の歩道に人影はない。

「あっちにも、こっちにも。人がいっぱいだね！　みんなこの車のこと見てる。パパの車、うらやましいんだね！　パパすごいね！」

興奮する下の娘が言うには、「たくさんの人がこちらを見ている」とのことだったが、タカシさんには何も見えない。

そうだね、凄いね、凄いだろう、と話を合わせながら、一刻も早くこのトンネルを抜けたくなり、ついついアクセルを深く踏みこんでしまった。

トンネルを抜けて太陽の下に出たとき、漸く安堵《あんど》した。

逃げ切れた、家族を守れた、と——そのときに何故かそう思った。

笹子トンネルはそれから二十年余り後の二〇一二年に、複数台の車を巻き込み九人の犠牲者を出した天井崩落事故を起こしている。無残に変形したインプレッサが九死に一生を得た映像を覚えている人もいるかもしれない。

トンネルの災禍が何に起因したのかについては、我々には知る由もないので、深くは詮索しないでおくことにする。

鼻に衝く

光石さんが中学生の頃の話。

それは、ある日唐突に起きた。

何か匂う。

自分のこれまでの生活の中にない強烈な匂い。

甘くきつく香水の類かとも思ったが、どうもそれとも違う。

家の中を嗅ぎ回って匂いの元を探すが分からない。

というか、何を嗅いでも同じ匂いしかせず匂いの元が特定できない。

何というのか、自分の鼻の奥に匂いの原因になる何かが詰まっているというのか、匂いが自分の中に籠もっているような気すらしてくる。

思いきって鼻をかんでみたが治らない。

どうしたものかと悩んでいたところ、家の黒電話が鳴った。

父親は掛かってきた電話に一言二言短く返事をし、受話器を置くなり、「今すぐ出掛ける支度をしろ」と言う。

「どうしたの」

「ヤマザキのアキラちゃん、亡くなったって」

アキラは光石さんと歳の近い従兄弟である。

何故死んだ、どこで死んだなど、詳細はまったく分からない。

ただ、今夜にも通夜がある、人手を頼む、という連絡だったらしい。


父親の車で通夜に向かう。

変わらず、何か匂う。

ただ、匂いは家にいたときよりも車に乗ってからのほうが強まっているように感じる。

車内を嗅いでも、ハンドルを握る父親の背中を嗅いでも、匂いの元が分からない。

噎《む》せ返るほどの甘い匂いに辟易《へきえき》して、車の窓を開けた。

冷たい冬の空気が車内に吹き込んでくる。

「おい、寒いだろ。暖房点けてんだから窓閉めろ」

父に言われて窓を細めたが、甘い異臭で車酔いしそうだったので、車の窓を時々細く開けては冷たい空気を口から思いきり吸い込んで、匂い酔いを凌《しの》いだ。

程なく従兄弟の家に着いた。

父親がインターホンを鳴らすと、玄関の扉が開いて従兄弟の親が沈鬱な顔を見せた。

「この度は……」

口籠もるように父親が頭を下げる。

扉が開いた瞬間、先程からずっと光石さんの鼻腔に充満していたのと同じ甘い異臭が、これまでで最も強く匂った。

部屋に上がり、従兄弟の遺体が寝かされている部屋に通された。

枕元に灯された線香から立ち上る煙が強く香っている。

光石さんの鼻腔を燻し続けてきた匂いは、正しくこれだった。

悪い部屋

土屋さんは出張で上京してきた。

「ホントは日帰りの予定だったんだ。でも、仕事が長引いちゃって」

最終の新幹線はとうに終わっている。

仕方なく予定を変更して、ホテルに泊まることにした。

飛び込みで泊まれる適当なビジネスホテルはないかと駅周辺を歩いて、池の近くにある宿に飛び込んだ。

「部屋ありますか」

フロントの男は空室を確かめた。

幾つか空いている部屋はある様子だったが、男は「これは……ダメか。うーん……」と何やら小声で呟いて一人思案している。

他所を探すか……と諦めかけたところで、男は言った。

「あの……少し悪い部屋しかないんですが、それでも構いませんか？」

とりあえず寝ることができればどこでもいい。この時間になってしまうと、寝る以外にすることはないし、部屋が多少汚れていようがベッドに入ってしまえば善し悪しなどさほど問題にはならないだろう。

土屋さんは承諾して鍵を受け取った。

室内は薄暗かった。

ベッドの枕元にフロアライトが点いているだけだ。

「ラブホみたいだ」

ベッド一つと、テレビ。小さな冷蔵庫。

埃と経年劣化で薄汚くなった壁紙。

どこにでもある、使い込まれたビジネスホテルの一室といった風情。それ以上でもそれ以下でもない。

「とりたてて悪い部屋、という感じもせんな」

荷物を下ろし、上着をハンガーに掛けようとしたところで気付いた。

壁紙に何やら模様のようなものがある。

焦げ茶色の小さな点描。大きさはまちまちだ。

よく見ないと気付かないほどではあるが、一度目に入ると気になり始める。

「何だこりゃ」

反対側の壁と見比べてみるが、ベッドを寄せた側の壁紙にはそんな模様はない。

ところどころ糸を引いたように細長くなっているものもある。

どうも何かの液体をこぼしたようにも見える。

「悪い部屋っていうのは、そういうことかと思ったんだ。掃除が行き届いてない部屋」

が、寝られさえすればいい。壁ぐらいどうってことない。

――まあ、いいか。

土屋さんはベッドの中に潜り込み、安らかに眠った。


翌朝。

着替えを済ませ、壁際のハンガーから上着を取った。

差し込む日光のもと、よくよく壁紙を見ると〈模様〉の正体が判明した。

壁の汚れかとばかり思っていたそれは、血飛沫だった。

量は大したことはないが、点々と壁のそこかしこに吹き付けられたように血の染みが広がっていた。

「チェックアウトするとき、フロントが言うんだよ」

フロントの男は土屋さんの顔を見るや、こう聞いてきた。

「……あの、やはり出ましたか？」

「え？」

見てないよ！　……ていうか、「やはり」って。出るのかよ！

念のため土屋さんに「差し支えなければホテル名を」と聞いてみた。

彼は「営業妨害になると悪いから」と笑った。

場所は上野だった、とのこと。

困ったときは

代田さんは、とある地方都市に出張した。

というか、この都市にはかなり頻繁かつ定期的に出張している。

毎回、駅前のビジネスホテルを定宿にしており、気分的には出張というよりは短期の転勤のようなものである。

「今日も今日とて旅鴉《からす》、鞄一つで旅から旅へってなもんでして」

行き先は毎回同じではあるので旅鴉という風でもないのだが、尻の落ちつかなさにはもう慣れた。

今回の出張は、同僚二人を伴って三人での仕事である。

いつものビジネスホテルに宿を取った。

同僚が二人部屋で、その並びにある角部屋に代田さんが一人で泊まることになった。

鼾《いびき》のうるさい同僚と同室にならずに済んでラッキー、と内心喜んだ。

翌日の準備などは早々に終わらせ、軽く酒盛りなどをした。

シャワーを浴びてベッドに潜り込んだのは、零時を過ぎてから。

程なく眠りに落ちる。

が、すぐに目が覚めてしまった。

時間は午前二時半頃。

さほど疲れていた訳ではないし、尿意を感じた訳でもない。

眠ろうと目を瞑っても、どうにも眠気がやってこない。

街道から離れているせいか外を走る車の音すらなく、また防音が行き届いた建物なのか室内はほぼ無音である。むしろ静かすぎて耳の奥にキンと耳鳴りが聞こえてくる。

キンキンうるさい耳鳴りを気にしながら何度も寝返りを繰り返しているうち、隣室から音が漏れ聞こえてきた。

何か布を引き摺るような衣擦れ。

そして、水音が聞こえる。

水道から出しっ放しの水、或いはそれが弾ける飛沫の音。

誰かが水を使っている。そういう音だ。

ごそごそ。シャバシャバ。

服を脱いでシャワーでも浴びているのか。

それが延々続く。

時計をちらりと見ると、三時近い。三十分近くというのは、水を流しすぎではないか。同僚、具合でも悪いのかな。

そんなことを思っているうちに、眠りに落ちた。

「昨夜、夜中の二時半過ぎ頃起きてた？　何か具合悪かったみたいだけど大丈夫？　吐いてた？　それとも腹でも壊してた？」

翌日も業務があるので、ここで脱落者が出るのは痛い。

そう思って代田さんは朝一番に隣室の同僚二人に訊ねてみた。

が、二人は顔を見合わせて言った。

「俺達、ずっと寝てたよ」

「誰も起きてないな」

そんなはずないだろ、だってずっと水の音してたろ。

そう思って事情を説明するのだが、二人はやはり首を捻る。

「知らんなあ。上の階じゃないの。でなければ下の階」

「このホテル、案外壁が薄いのかな。いや、天井か床が薄いんかな」

「建物の外の音はあんなに聞こえないのに、室内の防音はなってないってどういうことなんだよ」

同僚は「知らんよ」と興味なさげだった。

出先から戻り、二泊目。

仕事は恙《つつが》なく終わったが、昨晩のことが気になって自然足取りが重くなる。

どうにも気になったので、連泊で顔なじみになったフロントに訊ねてみた。

「あのさ、ちょっといいかな。昨夜、俺の部屋の下って誰か泊まってた？」

彼女は宿泊名簿らしきものをちらりと見て即答した。

「いえ？　昨夜は空室でしたね」

「それじゃ、上の階は？」

「上、ですか。ええと、４１１号室ですね。そちらのお部屋は普段使わないことになっておりまして」

ホテルの館内図を見た限りでは、他の階と同様に普通に部屋がある。恐らく、代田さんが泊まったのと同じ間取りの部屋だろう。

一瞬だけ、〈何で普段使わないの？〉と訊ねようかとも思ったが、ごまかされても気になるし直球の返答があっても怖い。訊ねる勇気はそれ以上は湧いてこなかった。

どうせ成るようにしか成らないし、正気を保って体力残しておかなけりゃ済む話なのではないか。

代田さんはそう結論付けた。とっとと飲んでさっさと寝てしまえばよい。

そう決め込んで、昨晩より大分多めに大酒を飲み、大分早めに床に就いた。

が、過ぎたるは何とかという奴で、早寝しすぎたのは失敗だった。

目が覚めるとまだ室内は真っ暗で、時間は夜中の二時半だった。

寝直そうにも今夜は早く寝すぎたことが災いしてか、まったく眠気がやってこない。

あれほど飲んだ酒も、酩酊を持続させる程度には残っていない。

仕方ないので、身体を温めることにした。

室内のユニットバスに湯を張る。

ユニットバスがみしみしと軋《きし》む。

「湯を張ってるだけなんだけどなー……」

身体を湯船に浸けると、軋みは一層増した。

みしっ、みしっ。

家鳴りの類というものは、湿度や温度差で起きるという。

例えば木造住宅は、構造材の吸い込んだ湿度と室温と外気温の温度差で木材が伸び縮みして、限界を超えると割れる。その割れた音が「みしり」「パキッ」と響く訳で、だから家鳴り。新築の家の木材が落ち着くまで、数年に亘って鳴るという。

が、ここは築年数の大分いった、鉄筋コンクリートのホテルである。

そして、ここは室温の安定した館内にある、ユニットバスの中である。

割れる木材はない。

まあ、地方都市は冬場の夜は大分冷え込むし、浴槽に湯を張ってユニットバスの内部に熱が籠もれば、家鳴りの一つや二つぐらい樹脂製の浴槽にだって……。

そう考えるようにしているのだが、風呂から聞こえてくる音はそういう家鳴りと違う。

自分一人しか浸かっていない浴槽に自分以外の誰かがおり、浴槽の中で身動ぎして内壁に手足をぶつける音。

自分以外の誰かがもう一人風呂に入っている、そういう臨場感がある。

あり得ない。あり得ないから気にしない。

そう自分に言い聞かせる。

濃厚な気配を感じる。

「カタン」

硬いものが、これまた硬いものにぶつかる音が聞こえた。

浴室内に該当物なし。

代田さんに便乗して風呂を使っている何かがいる気配は変わらない。

代田さんは風呂から飛び出すと、テレビを点けた。

地方都市の民放は放送終了も早く、ちょうど夜中の番組も早朝番組もやっていない時間帯だったので、取るものもとりあえずBS放送を選ぶ。

下らない番組に見とれて、うひひと笑って自分自身の気を削ぐ。

誰もいない部屋に一人でいるのは辛いが、隣室の同僚を叩き起こして正気を疑われるのも厭だった。

かといって、風呂を御一緒したどこかの誰かに同衾《どうきん》までされるのはもっと厭だ。

番組に見とれているうちに、気配は消えた。

効果あり、と見てよい。

テレビを消すのと同時に気配が戻ってくるのも厭なので、まんじりともしないまま下らない番組を眺め続けて三日目の朝を迎えた。


そしてその晩、つまりは三日目の夜。

今回の出張での連泊は今日で最後である。

同僚に部屋を替わってもらおうかとも思ったが、最終日だけ部屋を替えろというのも妙な話なので、〈とにかくこれで最後〉と自分に言い聞かせた。

とにかく、酒を早く飲みすぎるのはダメだ。

また、夜中に風呂に浸かるのもダメだ。怖すぎる。

前日までの経験を踏まえて、色々対策した。

まず、風呂は早めに済ますべきだと考えた。だが、もう浴槽に湯を張るのは怖くてできない。そこで、シャワーで済ますことにした。

午後九時過ぎ頃、早々に部屋に引っ込んで着替え、まずシャワーを浴びる。

ざあざあと湯を流していると、音が聞こえた。

——コンコン。

部屋のドア、だろうか。

いや待て。

同僚なら用事があれば携帯に電話を掛けてくるはず。

じゃあ、ホテルのスタッフだろうか。

いやいや、ホテルスタッフならまず内線で連絡してくるはずだ。

蛇口を閉めて耳を欹《そばだ》てる。

無音。

それ以上、何も音がしない。

ドアがノックされたのは間違いない。風呂の栓が当たったとは思えない。

だって、音は間違いなく入り口のほうから聞こえてきたし。

用心深く耳を澄ますが、やはりそれ以上は何も聞こえなかったので、気のせいだったと思うことにした。

風呂は済ませた。

後は適度な時間まで酒を飲み、うっかり起きないようなタイミングで眠れば完璧だ。

そう思って万全の体勢で一杯やって、ほこほこに温めた身体をベッドに沈めた。

何事もなく、安らかな眠りに就く。

深夜、二時半。

残念ながら、またしても目が覚めた。

というか、音が聞こえた。

——コンコン。

ドアをノックする音で、これに起こされたのである。

コンコン。コンコン。

ドアを叩く音が響く。

あっ、これはダメだ。

そう思った代田さんは飛び起きた。

飛び起きて、咄嗟《とっさ》にBS放送を点けた。

この三日間、確かな効果が得られたのはこれしかなかったからだ。

考えなしに見にいって誰もいなかったら厭だし、想定外の何かがいても厭なので、後はもうBS放送を見るしかない。


翌週、再びの出張で、またまた定宿のビジネスホテルにチェックインした。

「お世話になっております」

顔なじみのフロントはにこやかに挨拶してくる。

「前回と同じお部屋でよろしいですか？」

「いえ」

代田さんは首を振った。

「あの、反対側にして下さい。前の角部屋じゃないとこ」

「……何か、ありましたか？」

フロントは代田さんを見上げて言う。

その表情から、含むものがあるのかないのかは読み取れない。

「いや、あの別に何もないですけど、まあその、何となく気分、的なことで、はい」

しどろもどろにごまかすと、彼女は微笑んだ。

「……分かりました。お客様にも、好みがありますもんね」

ニコッ。

いや、ニコじゃないんだよ、そうじゃないの。違うんだよ。

あの部屋が厭なんだよ。

と、これまた口から出そうになるのを堪えた。

この先も、このホテルは会社指定の定宿として泊まらなければならないからだ。

常識的社会人として、弁明と解説の難しい過度な苦情は慎むべきである、と心得ている。

その夜は平穏に過ごせた。

隣室から同僚が部屋で過ごす音が微かに漏れ聞こえてくるが、それは先週ほど明確ではない。

くぐもったそれは、それこそわざわざ意識して壁に張りつきでもしなければ聞こえない。

水音どころか衣擦れなど聞き取れようはずもない。

これが普通なのだ。

あの衣擦れ、隣からじゃなくて自分の部屋からだったんじゃ。

初日の水音も、自分の部屋のユニットバスからだったんじゃ。

三泊目のノックもそうだ。

あれ、部屋の外からじゃなくて、自分が入っていたユニットバスの扉を内側からノックした音だったんじゃあないのか。

代田さんは頭を振った。

「いや、それ以上は考えるな俺。考えちゃいけない」

代田さんは室内に備え付けのテレビを点けた。

困ったときはＢＳ放送だ。

逆枕経

ある夜のこと。

酒巻さんは布団に横たわって、ぼんやり宙空を見ていた。

室内は暗い。

自分が目を閉じているのか、開いているのか、分からない程度には暗い。

それほどに暗いのにも拘わらず、何かがそこにいるのが分かる。

それが「分かる」のだから、実は暗くはないのではないか。自分は目を開いているのではないか。

そんなことを自問自答しつつ、その虚空にある何かに意識を伸ばす。

それは何かではなく、誰かであるようだった。

誰かが宙に浮いている。

誰かの足の裏が自分の鼻先を掠《かす》めるようにして、ゆっくりと宙空に弧を描いている。

足を揺らしているのは、一体誰だろう。

着物のような、和服のような、だらんとした布の衣服。

何やらきらびやかなポシェットのようなものを提げている。

あ。

違う。これ、ポシェットじゃない。

袈裟だ。

つまり、浮いているのはお坊さんだ。

手足に力はなく、だらんと垂れ下がっている。

これは、首を吊っているのだ。

何故。お坊さんが、自分の部屋で。

混乱した。夢ではないのか、と瞼を開いたり閉じたりぱちくりする。

起き上がろうとして、身体が動かないことに漸く気付いた。

その間も、お坊さんはぶらりぶらりと揺れるばかりである。

どうしていいか分からず、とりあえず経を唱えることにした。

相手がお坊さんなのだから、お経なら納得してくれまいか。シンプルにそう考えた。

な、南無妙法蓮華経、南無妙法蓮華経、南無妙法蓮華経、南無妙法蓮華経……。

長い経など知らないし、あまり適当でも良くないだろう。咄嗟の配慮で妙法蓮華経を繰り返し念じた。

言葉にしたつもりだったが、声が出ないので頭の中で念じる形になった。まあ、何もしないよりはマシだろう。

どうか成仏して下さい、と必死の思いで念じるうちに身体が動いた。

その間ずっと、お坊さんの足の裏が見え続けていたというから、それは夢ではないようだった。

お坊さんの足はいつの間にか見えなくなっていた。

お坊さんの宗派と、こちらが唱えた経が一致していたかどうかは確かめるべくもない。

風雷見参

小さい頃、一人で寝られるようになる前に誰と一緒に眠っていたか、思い出してほしい。眠りに就くまでの間、隣に添い寝してくれていたのは、父だったか母だったか。歳の近い兄姉だったか。

彼女の場合、添い寝をしてくれたのは曾祖母だった。

「さ、曾婆ちゃんと一緒に寝ようねえ」

曾祖母の部屋に行くと布団が一組敷いてあり、曾祖母が布団から身体を起こして彼女を手招きする。

そして彼女は小柄な曾祖母が温めてくれていた布団に潜り込む。

一瞬、外気と掛け布団の縁が冷やっとするが、布団の中に入ってしまえば曾祖母の体温で仄《ほの》かに暖かい。

一つ寝床で丸くなってうとうとする間、曾祖母は古い子守歌のようなものを口ずさんでくれるのだが、それを最後まで聞いたことはない。

曾祖母のほうがいつも先に寝入ってしまうのである。

子守歌がすうすうという寝息に変わると、部屋の空気もがらりと変わる。

祖母の部屋の床の間にある掛け軸が、カタカタと小さく蠢動《しゅんどう》する。

これは常のことで、祖母が起きている間には何も起きないが、祖母が眠りに就いたのを見計らったかのように、それはカタコトと身震いする。

掛け軸に描かれているのは、風神と雷神である。

その風神と雷神が、掛け軸を出て室内に顕現する。

ドドド、ドドドンと雷神が鼓を打ち鳴らす。

風神の持つ大袋からは、ゴウゴウ、ビュウビュウと突風が吹き荒れる。

そうして、曾祖母と彼女の寝床の上で暴れ回る。

彼女は、風神と雷神が現れる様子を何度も何度も目撃している。

しかし、それらがその後、掛け軸に戻る様子を見たことは一度もない。

風神雷神の騒乱を眺めているうちに彼女は眠りに落ちてしまうし、目覚めると床の間のそれはもういつもと変わらぬ、ただの掛け軸に戻ってしまっている。

彼女から見て、母、そして母方の祖母も「そういう人」だと聞く。恐らく曾祖母も同様なのだろう。母系に何かあるのかもしれないが、詳しいことは分からない。

覗きジジイ

　佐倉さん一家は、かつてマンション住まいであった。

　共働きの御両親と中学三年の佐倉さん、そして妹の四人暮らし。両親の帰りは大抵いつも夜遅くで、零時近くになることもしばしばあった。このため佐倉兄妹は家事と留守番にも通じ、兄妹二人で両親の帰りを待つことも多かった。

　夕食を済ませた後、掃除を終えておいた風呂に先に妹を入れ、佐倉さんは茶の間でぼんやりテレビを見て過ごす。

「きゃああああああああああああああああああっ!!」

　突如、風呂場から悲鳴が聞こえた。

「何！　どうした！」

　妹の叫びに驚いて風呂場に声を掛けると、ドア越しに震える声。

「……お兄ちゃん！　誰かいるぅ！　お爺さんが、お風呂覗いてる！」

　この部屋では、風呂場やトイレなどの水回りは玄関のすぐ隣にあった。湿気を逃すため、風呂場の窓は廊下側に付いている。

部屋はマンションの二階で、佐倉家の玄関のちょうど正面に階下に続く階段がある。

慌てて玄関まで出て様子を窺ったが、階段を上り下りする音や廊下を立ち去る足音は聞こえない。

――まだ近くにいやがるな。

佐倉さんは覗き魔の変態ジジイを捕まえなければ、と思った。

妹は「お爺さんだった」という。相手が老人なら、中学生が取り押さえることだってできるはずだ。

念のため、と、台所に走り戻って包丁を持ち出した。

思いきって玄関ドアを開ける。

だが、その場に人影はない。

振り返って風呂場の窓を見たが、そこにもいない。

(どこだ!?)

外廊下の中ほどのところに、禿頭の老人がいた。

(あいつか!)

老人は、直立の姿勢のまま外廊下の床から少し浮いていた。

そして、そのまま外廊下を滑っている。

両足を動かす仕草も両手を振る仕草もない。

ただ、ぼんやり立ち尽くしている。その姿勢のまま、僅かに浮き上がって外廊下をつるつると滑っていくのである。

佐倉家の玄関先から遠ざかり、外廊下の突き当たりまでいくとクルッと向きを変えて角を曲がり、そのまま反対側の階段に進んだ。

角を曲がるときも、階段に向かうときも、足は一歩たりとも動かしていなかった。

後を追う気力が失せた。

包丁を持ってマンション内をうろうろしている訳にもいかないので、部屋に戻る。

「大丈夫か」

妹に声を掛けると、

「大丈夫。見間違いだったと思う」

と気丈な返答があった。

妹が風呂から出た後、風呂場の窓を検分してみた。

「ここから覗かれたのか」

改めて見てみたものの、外廊下に面した風呂場の窓は磨《す》りガラスである。

風呂の中も覗けないだろうが、風呂側から外を見たとしてもそれは同じである。それこその覗きが磨りガラスに貼りついていなければ、「お爺さん」どころか年齢も性別も人物の輪郭すらも分からない。

そもそも、磨りガラスの外の窓枠には格子が嵌め込まれている。

その格子の上には更に覗き防止のための簾《すだれ》が張ってある。

格子と窓の間の隙間は三センチ。

磨りガラスに顔を張り付けるには、少々隙間が足りない。

無理。

「……いいよ、お兄ちゃん。私の気のせいだったんだよ」

妹はそれ以上は何も言わなかった。

そうに決まってる。そう決めた

彼女によると、それは気付くといつもそこにいるのだという。

何分にも自分の部屋である。室内のことについて、いつも気配を探ったり「何か」がいる前提で見張ったりなどしない。

だから、いつ現れたのか、いつからそこにそうしていたのか、本当に分からない。

ベランダに続くサッシの手前に、カーテンがある。

そのカーテンの下に、それはいる。

すらりとした足。

それがカーテンの下に生えている。

カーテンの丈が半端なせいか、ちょうど膝下くらいが見える。

丹念に手入れされた若々しい肌つや。無駄毛もなくてつるつるしている。

何とも綺麗な生足。

まるで、カーテンをスカート代わりにしているかのよう。

だからたぶん、女の子の足だと思われる。

若々しい少女の、瑞々しい足である。
この生足を見たのは一度だけではない。
これまでにも、気付くとカーテンの陰から生足だけを覗かせていた。
その都度、恐怖より何より、足のお手入れの完璧さに見惚れてしまう。
あんな綺麗な足、見たことがない。
足はそれ以上何をするでもなく、ずっとそこに佇んでいる。
そして、そのうち消えてしまう。
いつ、いなくなったのかは分からない。
足が足として見えるというだけで、膝から上を見たことはないのだという。
でもあれは、女の子。絶対に女の子。

衝動的トイレ掃除大会

竜田さんは掃除ができない女である。

「できないのではない。しないのだ」

と嘯《うそぶ》く人は偶にいるが、彼女の場合、

「しないのではない。できないのだ」

と開き直っている。

そんな訳で、殆ど掃除ができないのだが、極稀に衝動に突き動かされて掃除を始めることがある。

先日、〈今日はそういう気分じゃなかった〉ということで、何のかんのと理由を付けて会社をさぼった竜田さんは、今日は一日何もしないぞと決め込むつもりで家に籠もってゴロゴロしていた。

テレビなど見て当初の予定通りゴロゴロしていたのだが、ふとトイレに立った折、急に気になり始めてしまった。

「……何だか、汚いな」

アパートのトイレのドアは、入居したときは確か白かったはずである。

確かに入居から十年は経っているし、竜田さんは喫煙者である。

つまりこれは、煙草のヤニ。

十年も少しずつ色づいていったせいか、なかなか変化に気付けなかったのだが、それ自体はよくあることだ。

が、一度気になり始めるともうダメで、家でゴロゴロして過ごすつもりが一転してトイレ掃除大会になってしまった。

水を張ったバケツに洗剤を溶かして、固く絞った雑巾でゴシゴシと拭いてみる。

黄ばんだドアはみるみるうちに元の白さを取り戻していく。面倒ではあるが、このプチ達成感のようなものが脳内麻薬を発生させるのか、ドアの隅々に亘って擦り続ける。

ところが、ヤニ汚れの下になかなか落ちないしつこい汚れがあった。

経験上、煙草のヤニ汚れというのは水と界面活性剤で大抵は落ちるのは間違いない。

それで落ちないのは蛋白質《たんぱく》の汚れの類で、これはセスキ炭酸ソーダが効く。他に、重曹、クエン酸など用途によって使い分けることで、大抵の家庭の汚れは落とすことができる。

ただし、汚れの種類を見極めて適切な洗剤を使い分ける洗剤ソムリエ的目利きと、半端なところで放り出さない根気が問われる。

ヤニ汚れは順調に落ちていくのに、ヤニより下にあった汚れがどうも落ちにくい。

五センチ前後の紐のようなものが大小五本。

それから、歪んだ豆のような楕円が二つ。

ドアノブよりも下にあるのだが、どうにも手形っぽい。

竜田さんは自分の掌を当ててみた。

明らかに小さい。

子供の手形である。

この部屋に越してきてから十年は過ぎており、その間、子供が出入りしたことは一度たりともない。

十年前の朧気な記憶を辿る限り、入居前には完全にクリーニングされていた。

そして幾ら掃除ができない竜田さんであっても、この十年で五〜六回くらいは今日のように突然思い立って掃除をしている。……はず。たぶん。

擦れば擦るほどに目立つ手形など、あっただろうか。

そもそも、これまで掃除のたびにまったく気付かなかった、なんてことがあるだろうか。

とは思ったものの、そのままにはしておけないので自問しながら塩素系漂白剤を薄めたもので擦り始めた。全力を出すとドアの塗装が剥がれる恐れがあったが、謎の手形が残るよりは木肌が剥き出しになるくらい全力で擦るほうがマシである。

例えそれで敷金が戻ってこなかったとしても。

「……というようなことがついさっきあったんですが、これはうちのトイレが怪奇現象多発スポットであることと、何か関係があるでしょうか」

……いや、ちょっと待って。

トイレが怪奇現象多発スポットって話のほう、初耳なんですが。

むしろそっちを詳しく。

事案にならない

佐倉さんが警備会社に勤めていた頃の話。

当時、佐倉さんは警備員として自宅と都心の配属先を往復する日々を過ごしていた。

千葉のとある町にある自宅アパートから最寄り駅までの通勤路の途中に、小さな公園があった。

水飲み場が一つ、ベンチが一つ、遊具と言ったらブランコが一組あるくらい。

今どきの公園はと言えば、やれボール遊びをするなだの、自転車を乗り入れるなだの、大声で騒ぐなだの、犬を連れて入るなだの、何かと注意事項がうるさい。

そうなると、公園の中でできることと言えば集まってひそひそ小声で話すか、持ち寄ったゲーム機で通信対戦でもするかといった具合で、色々有り余らせている子供達にはあまりにも窮屈だ。

もっとも、佐倉さんがその公園を通りがかるのは早朝の出勤時と、とうに日が暮れた後の帰宅時で子供が遊ぶような時間でもない。

自分がそうと知らないだけで、昼間は昼間なりに子供達の憩いの場になっているのかもしれない。

そんなことを考えながら、夜道をとぼとぼ歩く。

駅から公園までの途中にはこれもまたささやかな商店街があったが、この辺りは年寄りが多い街であることから夜まで営業している店は殆どない。日没と同時に商店の多くはシャッターを下ろしてしまうので、買い物客はおろか通行人すら見かけない。

住宅街なのだからこの近くに人はいるのだろうが、路上に人影がないとなるとどうにも寂しい印象を拭えない。

街灯が灯っていても町が暗く感じられる。

公園の前を通りがかったところ、音が聞こえた。

キイキイキイ……。

見るとブランコが揺れている。

公園入り口から向かって右手側に古びたブランコがある。

小学生くらいの少女が、揺れるブランコに立ち乗りしているようだ。

軽く勢いを付けて、前へ、後ろへ。

佐倉さんの記憶にある公園の情景といえば大抵こんなものだった。そも、この公園に人がいるのを見るのも久々であるような気がする。

しかし、小学生が一人遊びをするには少し遅い時間である。

塾帰りのほんの息抜きとか、そういった事情かもしれない。

ブランコの正面に植樹された樹々がある。佐倉さんから見れば左手側である。

その根元当たりに、もう一人いた。

やはり同い年くらいの少女のようで、茂みに背を預けるようにしゃがみ込んでいる。

ああ、一人ではなかったのか、と一瞬安堵した。

友達か姉妹か、連れがいたのだな、と。

ただ、そうであってもやはり子供が遊び歩いていい時間とは言い難い。

声を掛けて帰宅を促すべきか、とも考えたが、見知らぬ児童に迂闊《うかつ》に声など掛けようものなら、それはそれで〈事案〉になってしまいかねない。

さて、如何なものか。

と、佐倉さんの短い思案を遮るように、しゃがんでいた少女が立ち上がった。

が、どうも様子がおかしい。

少女は若干前屈みの姿勢で、両腕を広げてばたばたと動かしている。

そのまま、地面をのたうち回り始めた。

服が汚れることも気にする様子はなく、のたうち回りながら樹々の周囲を這いずる。

子供のすること、とはいえ。少女の行動はあまりにも奇妙で、あまりにも異常に思えた。

小学生男児なら、それも違和感とは受け取らなかったかもしれない。

だがしかし、小学生くらいの女児など、衣服の汚れを気にし泥の一つも嫌がるものではないのか。

それとも、何か重篤な病気の発作でも起こしているのではないのか。

であれば、今すぐにでも救命しなければならないのではないか。

研修で覚えた応急措置を思い出しながら駆け出そうかとしたそのとき、佐倉さんは気付いた。

少女は前屈みになっていたのではなかった。

頭が腹の辺りまで落ちているのだ。

首が異常に長いのか、それとも胴と頭が離れているのか。

暗がりではそのどちらなのかは分かりかねたが、その少女の頭は明らかに本来あるべき場所からは掛け離れていた。

「うっ」

言葉がそれ以上は出てこなかった。

そして、気付いた。

のたうつ少女が見えているのは、自分だけか。

それとも、のたうつ少女の正面にいるブランコの少女にも、それが見えているのではないか。

ブランコの少女をこの公園から連れ出したほうがいいのではないか。

不審者事案になるリスクを取ってでも、大人の責任を果たすべきではないか。

これもまた刹那の逡巡を経て決断し、ブランコの少女を振り返った。

ブランコの少女は、変わらずブランコを立ち漕ぎしていた。

そして、愉快そうに大きく口を開けて呵呵大笑《かかたいしょう》していた。

真正面にいる、のたうつ少女を見据えて笑っていた。

が、ブランコの少女は一声も発していなかった。

無言のまま、大口を開けて笑っていた。

これ以上ないと思えるほどに楽しげだった。

佐倉さんは、二度目の決意を翻《ひるがえ》した。

これは、迂闊に手出しをしないほうがいい案件である。

見ず知らずの子供に、親切心を発揮してはいけない。

業務外では極力、救命活動を心がけるべきではない。

給料分の仕事以外の場所での異事に、関わるべきではない。
放置してもこれは事案にはならない。
そう判断して、取り急ぎその場を立ち去った。

漁師の家

平成が始まって十年くらい過ぎた頃の話。

随分昔のようでいて、しかし尚、最近のような気もする。

その頃、田端さんは兼業漁師として道北の漁村にある実家の漁を手伝っていた。

当時、田端さんはもう三十を過ぎていたが、漁師の三十代はまだまだ若手。先輩漁師に教わることも多く、また若手の田端さんを可愛がってくれる漁師も少なからずいた。

中でも秋津さんには大変世話になった。

秋津さんはホタテ漁を営んでいる。国内のホタテは今では養殖がその多くを占めるが、秋津さんのそれは天然ホタテを狙うものである。

そもそも漁師というのは人手の要る仕事で、網を打つ網を上げる以外にも仕事は多い。ホタテを網から外す作業、そのホタテを殻から剥く作業となると、人手は幾らあっても困らない。

田端さんは家が近所にあったこともあって、自分の仕事が手隙になるとしばしば秋津さんの仕事を手伝いに行った。

全てを手伝える訳ではないが、できる範囲で手伝うことは仕事を学ぶことにも繋がる。足げに通ってくる田端さんを秋津さんも憎からず思ってくれているようで、同じ釜の飯を食う家族同然の付き合いをしていた。

秋津さんの家は戦後に建てられた古い木造家屋だった。

この地域は周囲に大きな住宅が多く、作業場以外こぢんまりした秋津さんの家はそれらの家々とは若干雰囲気が異なる。

それでも昼間は秋津家の人々や手伝いなど大勢の人で賑わっているのでそうと感じにくいのだが、夜になると不意に古く寂れた雰囲気を漂わせる。

日々通っているのだからそこに人が住まっていることは田端さんはよく知っている。

そのはずなのだが、その日の仕事を終え晩飯と酒などに呼ばれて家を辞した後、ふと振り返り遠目に眺めたその木造家屋が、夜陰に消え入りそうなほど朧気に感じられることもあった。

そんなある夜のこと。

手伝いを皆帰し夕餉の片付けを終えた秋津さん一家は、束の間の団欒《だんらん》を楽しんでいた。

玄関の引き戸を開ける音が聞こえた。

「誰だい？」

問い掛けに答えはない。

が、誰かが上がり込んでくる音が聞こえる。

漁師の朝は早く、それぞれが寝床に着くのも早い。

故に、秋津家は夜更かしはしない家だった。

同業の漁師も大抵は似たようなライフスタイルであるため、宵を過ぎてから誰かが訪ねてくるようなことも滅多になかった。

それ故、訪問者があるとすれば余程の急事か、漁師以外か。

誰とも知れない訪問者を出迎えようと秋津さんが腰を浮かすと、訪問者は家族が揃う居間にずかずかと上がり込んできた。

何というか、見窄《みすぼ》らしい男だった。

襤褸《ぼろ》を纏い、髭はぼうぼうで頭髪はぼさぼさ。

いつから風呂に入っているのか分からないほどに臭い、垢にまみれている。

「寒いじゃあ、寒いじゃあ……」

居間に座りこんで、男はガチガチと歯の根を鳴らした。

見れば垢に汚れ、髭に隠れた顔色は、紫に近い。

冬の海に放り出されたら、こんな顔色になるかもしれないが、ここは道北である。北海道の冬の海に落ちるということは、それは則ち数分も経たずに死ぬことを意味する。

「あの……どちらから来られましたか。あんた、誰ですか」

秋津さんは家長として勇気を振り絞った。

居間には家族もいる。闖入者《ちんにゅうしゃ》を無用に刺激してはならない。

慎重に、しかしはっきりと問う。

「わしは……わしは、分からん。分からんじゃあ……」

記憶がない、ということか。

「漁をしとった。しとったけ、海に落ちよった。それは覚えとる」

秋津さんは最近の海難事故を諳《そら》んじたが、この闖入者には見覚えがない。地元の漁協の人間なら誰かしら顔見知りだが、知らない人物である。

しかし、漁船に乗っていた、海に落ちた、という。

ならば、別の漁協の漁師か。

そうとも思いかけたが、男が僅かに纏った襤褸は、二十一世紀になろうかという時代の漁師にはおよそ似つかわしくない。

平成の漁師ではない。昭和か。或いはそれより更に昔か。

だとすれば、この海難者はいつの時代に生きていた者なのか。

ああ、つまりこの人はいつかの時代に海で亡くなった者か。

既にこの世のものではなくなっている者か。

そうと気付いた。

気付いたとき、男の姿はなかった。


秋津さんの家では、こういうことは日常的に起きた。

皆が起きているときに出くわすのは、心地よいものではなかったがまだいい。

問題は夜半である。

繰り返しになるが漁師の朝は早く、家族が床に就くのも当然早い。

寝付いて幾らも経たない頃、或いは皆が寝静まった頃に秋津さん一人が突然飛び起きる。

「うぉおおおおぉぉぉぉおおおぉ！」

家族には意味の分からない咆哮《ほうこう》を上げ、布団をはねのけて立ち上がると、

「来るぞ！　来るぞ！」

そう叫んで、家中の電気を点けて回る。

何が来るのか、何が出るのか、その辺りについての詳しい説明は秋津さんからはなされ

ないので、家族は家長の奇行にただただ驚くばかりである。

「何があったの。どうしたの」

幾ら聞いても、

「いや、もういい」

と言うばかりで、実態が分からない。

分からないけれども、「突然奇声を上げて起き出す」という秋津さんの奇行については、秋津さんの奥さんや知人達からも半ば呆れ気味に伝え聞かされた。


当初、田端さんを始めとする漁港の仲間内では「家のせいではないか」というのが専《もっぱ》らの意見だった。

あの古い家屋が、呼ぶのではないか、というものだ。

だが、秋津さんの奥さんや息子さんも割と鋭いほうで、漁協の青年部の集まりで公民館などに来たとき、「あー、そこにいるね」「いるなあ」などと漏らしたりしている。

つまり、秋津さんだけがおかしいのではなくあの家にのみ現れるのでもなく、秋津家がそういうものを呼ぶ体質の一族だということではないか。

なるほど、そういうことなら仕方がない。

秋津家が漁協で村八分にされるようなことは特になかったし、漁協の漁師達もそれ以上は訝《いぶか》しがることもなかった。

実害が及ばないのなら、別に構わんだろうということだ。

それからさほど置かずに秋津さんは家を建て替えた。

元の木造住宅は解体され取り壊されて、木造の旧宅があった場所を更地にした後、そこに大きな新しい邸宅を建て直したのである。

漁師は懐に金があるときにはある。船や漁具など値の張る買い物もする。

それ故に、突然の建て替えも可能だったということか。

だから、秋津さんのあの古びて詫びた木造邸宅は今はもうない。

新しい家は、周囲に立ち並ぶ今風の新しい大きな住宅とさほどの見分けは付かない。

ちょうどその後くらいに田端さんは住み慣れた漁村から離れ、漁師の仕事からも足を洗った。

このため、秋津さんの家がその後どうなったのかも、秋津家に集う闖入者達についても、今は知らない。

古老の町史

「ちょっと、聞いてくれる?」

その日は町内会の会議があった。何が切っ掛けでその話になったのかは思い出せないが、他愛もない雑談の流れからだったように思う。

道代さんが住む地域一帯は、古くから栄えた街であったという。

どのように栄えていたのかと言えば、どうも花街であったらしい。

今の街の様子からは想像もできないが、当時この界隈には遊郭がたくさんあった。

遠方から女郎を買いにくる人々で大いに賑わい、遊郭以外の店々にも金が落ちた。

そういうことで潤う街であった。ただそれは戦前、戦中くらいまでの話。

「まあ、戦争で焼けてしまったから」

とは、当時を知る町内会女性部の部長さんのお話。

この辺り一帯は、太平洋戦争末期に大空襲に見舞われた。

空を埋め尽くすB-29の大群が、軍需工場も町屋も区別なく焼夷弾をばらまいていく。

当時の日本家屋の大半は木造であり、爆風で吹き飛ばされることよりも焼夷弾で着火することのほうがずっと恐ろしかった。

焼夷弾の中身は燃え始めると拭っても拭っても、拭った先に燃焼剤ごと火が移るだけで消し去ることができない。

建物に燃え移れば消すことができず、人体に燃え移れば衣服を脱ぎ捨てても消すことができない。全身が燃え上がった人がまっ裸になって川に飛び込んでも火が消えることはなく、川面に燃える死体が浮かぶほどだった、という。

日本全国の空襲体験談は概ね似通っていて、若干の誇張や経年による記憶違いを差し引いても、焼夷弾の恐怖についてだけはいずれも克明に語られたものが多い。

道代さんの住む街の戦争体験談についてもそこは同様だった。

女性部長さんは相当お歳を召した老婦人だったが、若い頃に見たその光景をどうにも忘れられない、という。

遊郭の多くは街を流れる川の近くにあった。

「お女郎さんが逃散すると思ったんでしょうねえ」

身請けもされていない女郎達がどさくさに紛れて逃げだしてしまったら、遊郭の主人にとっては大損害である。

それを恐れてか、女郎達は遊郭の主人によって女郎部屋に閉じこめられたのだという。

彼女達はどこにも逃げだすことができないまま、遊郭共々燃え落ちた。

水を求めて川に飛び込む者もいたようだが、焼夷弾の責め苦からは逃れられず、いずれも川に流されつつ燃える死体となった。

その余りの凄惨さを覚えている土地の古老達は、今も川縁を避ける。

特に、夜や雨の降る日は決して寄りつかない。

「亡くなったのはお女郎さん達だけじゃなくてね。もう街が全部焼けちゃって」

この公民館の近くには商店街があるが、当時もまた同じ場所に商店街があった。

が、辺りには黒焦げの遺体がそこかしこに転がっている有様だった。

高い火力に煽られて完全に炭化してしまった人。全身の皮膚が火に煽られて黒化してはいるものの割れた皮膚の間から黄色い脂肪がじゅくじゅくと見えてる人。そして熱い煙を吸い込んで昏倒したまま亡くなった人などは、外見は見た目ほどには焼けていなくとも喉の奥が焼けてしまっているのだそうで、いずれも焼死体として扱われた。

どこの誰だか判別が付いた人はまだマシなほうで、性別も分からないほどに焼け焦げてしまった人や、炭化して身体の一部しか残らなかった人などは、その後も長く無縁仏とせざるを得なかった。

「そうは言っても、御遺体をそのままって訳にはいかないでしょう？　でも、火葬場とかもなくなってたり足りてなかったりしたからね、野焼きで火葬するしかなくて」

道代さんの現在住んでいるお宅の近くに野球広場があるのだが、当時は空き地だったその広場に黒焦げの遺体を集めて、改めて集団火葬を行った。

だから、年配の住民は野球広場もあまり行きたがらない。もう何十年も過ぎたにも拘わらず、未だその頃の凄惨な様子を思い出してしまうからだろう。

「まあねえ。町内どこもそんな具合だったから、あそこが怖い、あそこに行きたくないなんて言ってたら、どこにも行けなくなっちゃうでしょう？　気にしたらキリがないのは分かっているんだけど、こういう話をしていると思い出しちゃうのよねえ」


「……っていう話を、昼間聞いてきたのよね」

家族と夕餉を過ごしているときそんな話になった。

「古い町だと思ってはいたけど、やっぱり町に歴史有りってことかねえ」

そうだね、と夫と頷《うなず》き合っていたが、息子さんがずっと黙り込んでいる。

戦争云々はさておき、遊郭だの女郎を焼き殺しただの、夕飯時の話題としても子供を交えての話題としても、ちょっとチョイスを誤っただろうか。若干後悔した。

が、息子さんが箸を止めたまま言う。

「……あのさ、野球広場の隣に屋内プールがあるじゃん？」

知っている。綺麗に整備された施設だ。プールのある建物の屋内には飲料機がある。広場で遊ぶ子供達は、喉が渇いたときに飲料機を自由に使って良いことになっている。息子さんも、同級生達と野球の練習などして汗を流した後、この飲料機でたらふく水分を摂って喉を潤している。

「その、プールの建物の上に……人がいたんだよね」

屋上に誰かが立っていた、ということか？

念のため確認すると、息子さんは首を左右に振った。

「違うんだ。建物の上に人が浮き出てるんだ。僕、それを見てから、あそこの飲料機使えなくなっちゃって」

野球の練習は野球広場でせざるを得ないにしても、その人影に見下ろされながら喉を潤すのが嫌で仕方がない、と。

あの浮き出た人は一体何だろう――と、ずっと気にはなっていたらしい。

道代さんの聞きつけてきた町の歴史に関わる話と、息子さんの目撃したものとが繋がった。

「もうあそこ行けない。絶対無理」

丘の上

青木さんが帰省した折、ドライブに行かないかと誘われた。

めぼしい楽しみがさほどない田舎である。娯楽はと言えば、車を適当に走らせた後にロードサイドのファミレスを冷やかす程度だ。

このときのメンツは、青木さんとその妹、妹の彼氏の三人。妹の彼氏が車を出すという。

「いやあ、お姉さんも美人っすね！　俺張り切っちゃいますよ！」

妹彼氏は軽口を叩いて車を発進させた。

とはいえ、今更地元の観光地を巡っても面白いことなど一つもない。

「あんまり遠い所はやだよ。この後飲みに行きたいから、暗くなる前に帰れる所までなら付き合ってもいいけど」

「了解。どうせなら、滅多に行かないようなとこ行っちゃいます？　地元の人間も行かないようなとこ」

この手の〈地元の人間も行かないような所〉と銘打たれた場所は、大抵は前評判ほどには大したことはない。「特に何もない本当にただの廃墟」か、「薄気味悪くて不気味だがそれだけ」か、はたまた「実は知る人ぞ知る隠れデートスポットで、邪魔されたくないカップルが噂を流している」か、「そのカップルを覗きたい輩が、他人を近付けないために噂を流している」などなど、要は腰砕け案件であることが多いのである。

謂わば、女の子をきゃーきゃー言わせるためのアトラクションのようなものだ。

地元を離れて久しい青木さんは、車で訪れるようなスポットには昏《くら》いのだが、妹彼氏によれば、

「あそこだけはガチ、と言われてるスポットなので」

と地元民の間で囁《ささや》かれている、という。

そこまで大仰な前フリが付いてくると、「あそこだけは」というフレーズまで含めて、益々期待はずれ感が増してくる。

青木さん姉妹がきゃーきゃー言うのを期待しているのであろう妹彼氏に少しばかり付き合ったら、その後はどこで一杯やろうか。車窓から山間を眺めつつそんなことを考えているうちに、妹彼氏は「もうじき着くよ」と鼻息荒く言った。

集落を幾つか抜けて走るうち、なだらかな丘陵が見えてきた。

周囲には民家も店もない。丘は標高もさほどないが、頂上に車で乗り入れる道はなさそうだった。行けるところまで車で乗り付け、これ以上は無理というところで車を降りた。

この先は歩きになる。

荒れた山道のどん詰まりで丘を見上げると、頂上付近に人工物がちらりと見える。

「それであれって、元は何?」

「さあ。分からんけど天文台か何かじゃね?」

コンクリートでできたドーム状の建築物であるらしいが、それ以上は分からない。

人里離れた場所に、人の手を離れて放棄された人工物がぽつんとある。

確かに廃墟感は強いし、わざわざそこまで行く用事も思いつかない。管理もされていないような建物であろうから、何か不慮の事故があっても困る。やんちゃな若者の蛮勇を窘《たしな》める言い訳として、「まじでやばい」「あそこだけは行くな」と誰かが言い出したのかもしれない。

ただ、そうした警告は逆にある種の怖いもの知らずに対する格好の刺激にもなる。

丘の頂上を目指そうと姉妹を煽る妹彼氏など、その典型であろう。

青木さんは、車で行くというから軽い気持ちで付いてきたものの、足場の悪い山道を登らされるなんて聞いてない。藪を漕ぐ山歩きに向かない靴に土や汚れが付くのが厭だった。

何もないのを確認したら、日が暮れる前にさっさと帰りたい。

何事も起きなかったことを妹彼氏に詫びさせて、ビールの一杯も奢らせてやりたい。

そんなことを考えつつ、頂上へ続く朽ちた道を登り始めた。

なだらかな坂道の周囲は開けていて、頂上付近はずっと見えている。

お椀を伏せた形の屋根を持つ建造物は、近付くに連れて段々入り口付近まで視界に入り始めた。

「あれ？　先客いるじゃん」

息を上げながら妹が言う。

足元から視線を上げると、頂上付近にあるドーム付きの建物の外で、手を振っている人影が見えた。

「何。誰も近付かないヤバいスポットって話はどうなったのさ」

「あれって、ウチらに手ェ振ってるのかな」

見知らぬ他人と廃墟探検を御一緒に、なんて、それはそれでゾッとしない。

妹彼氏の見込み違いが色々甚だしい。

「先客か管理の人か誰かいるみたいだけど？　それとも、あんたの知り合いなの？」

妹彼氏を振り返る。

「は？　何言ってんの？」

妹彼氏は間近に迫った目的地を見上げて首を捻り、笑った。

「……誰もいねえっすよ？」

青木姉妹は互いの顔を見合わせた。

もう一度丘の上を見上げ、揃って小さく声を上げた。

「……あっ」

そして、坂道を猛然と駆け下りた。

妹彼氏を押し退け、姉妹は我先にと走る。山歩きに向かない靴ではあるものの、ヒールのない靴で幸いだった。

妹彼氏は慌てて姉妹の後を追う。

「何だよ。なあ、なあ。待てよ。何だよ。何だってんだよ」

仔細を説明する余裕などなかった。

車の鍵を妹彼氏が持っていることを思い出したのは、下りきって車のドアに取り付いたときだったが、最後尾から追いついた妹彼氏に姉妹は短い指令を飛ばした。

「鍵開けて！」

「車出して！」

「詳しい話は後！」

「すぐに出して！」

三人は突き動かされるように車に飛び込むと、シートベルトもせず車を出した。

妹彼氏はルームミラーで後部座席をちらちら見たが、髪を振り乱して息を吐く青木姉妹は、決して後ろを振り返らなかった。


帰りの車内。

「……お姉ちゃん、アレ見た？」

「見た」

姉妹は確認し合った。

「何なんだよ。もうやめろよ。二人してぇ。何もなかったじゃん。何を見たってのよ」

妹彼氏の声は上ずっているが、戸惑っている。

「何って、いたじゃん。手を振ってる奴が」

最初、それはドームの横にいて、盛んに手を振っていた。

手を振っているから人なのだろうと思った。

だが、それが男なのか女なのか、子供なのか老人なのか。人間の形をしているのに、その属性を補足するパーソナルな情報が何一つ増えない。

〈人が手を振っている〉

　ということ以上でも以下でもない。
　が、それは妙に低かった。
　背の低い人、ということではなかった。
　腰辺りから下が、落ち葉の積もった地面にめり込んでいた。
　座っているのでも、寝ころんでいるのでもない。
　腰まで埋められた人が、その状態で手を振っていた。
　姉妹が「手を振っている先客」だと認識した、その瞬間。
　それは動き始めた。
　下半身を地面にめり込ませたまま、丘の上から坂道を下り始めた。
　手を振りながら猛烈な速さで青木姉妹に向かって近付いてきた。
　だから逃げた。
　彼氏を置き去りに。
「二人して俺を脅かそうとしてんだろ？　だよな？　そうだと言って？」
「もし、ウチの車で鍵を持ってるのがウチだったら、あんた置いて車出してたと思う」
　場所は「青森のどこか」とだけ聞いた。

出る出る言う場所

「何で皆、心霊スポット巡りとか好きなんでしょうかね」

と、河本さんは嘆息する。

わざわざ車を転がして真夜中に人気のない廃墟や墓地に出向き、男どもの「俺、こんなの全然怖くないんだぜ」「不法侵入とか官憲の目も怖くないんだぜ」というマッチョイズムなアピールに付き合い、女の子は「こわーい」と弱い女をアピールする。

そして、「地元では有名な」とか「知り合いが行ったことあって」というような、著名な心霊スポット、または廃墟の類で、狙い通りのものに出くわした試しがない。

夜中のドライブで肝試しを持ち出す輩は、だからこういう場所を〈金を取られない安上がりで違法なアミューズメントテーマパーク〉くらいにしか思っていない。

河本さんの同僚達も概ねそういうタイプであった。

これは、河本さんが二十歳になる少し前頃のお話。


「出る出る言う場所は大抵出ない」

これは河本さんの持論である。著者も概ね同意したい。

とはいえ、彼女も何かと付き合いがいい人だったので、盛り上がる同僚達のテンションに水を差すのも大人げない、と思った。

「とにかくさあ、地元でも有名な心霊スポットらしいんだよ」

定番の煽りを聞かされながら、車は夜道を飛ばす。

地元でも有名なという煽りと、その場所までは知られていても、何がどう有名なのか、何があったのか、それを誰が伝えてきたのかなどの目的地に関する肝心な部分は誰も知らない。予備情報が一つも増えないので、それとはあまり関係なさそうな噂話に尾鰭《おひれ》を付けたものをぶつけ合いながら、気分を盛り上げる。

「もうじき着くよ」

車内の雰囲気が大分温まってきたところで、ハンドルを握っていた同僚がスピードを落とした。

目的地は鉄筋コンクリートの建物だった。

見るからに廃墟である。

どうやら、元は病院か何かだったように見える。

「廃病院って奴だよ」

ビンゴであった。

近場に車を駐めると、周囲を確かめた。

正面の門は施錠されているが、同じように〈スポット巡り〉をしにきた先行者がいたようで、塀の一部が崩れかけて格好の進入路になっていた。

河本さん一行は塀を乗り越えて敷地内に侵入した。

もうこの時点で不法侵入なのだが、こういう雰囲気の場所では「誰もいない場所なんだし、誰にも見つからなければ問題ない」という理屈がまるで正論のように思えてしまう。


玄関ドアは施錠されていなかった。

随分前の侵入者が破壊したのだろう。

建物の中はどうにも黴臭《かび》い。

空調システムなど遥か昔に止められているせいで、空気が淀んでいる。湿気がじっとりと纏わり付き、黴が蔓延《はびこ》る理由にも納得がいく。

内部は全般に荒れていた。

病院に元々備え付けられていたであろう備品は、経年劣化と加湿とで腐ったり傷んだりしているが、それとは別に物理的に加えられた破壊行為によって粉砕されているものが目立つ。恐らく、これも先行した別の侵入者達の仕業だろう。

「あーあ。どっかのヤンキーがやらかしたんかな」

自分達もその〈どこかのヤンキー〉と大差ないことをしている訳だが、不作法な先行者の暴虐の痕跡に腹を立てることで、自分達は奴らと違うと思い込んだりする。


一階のエントランス付近には待合室があった。

席数はさほど多くもないが、往時はここに患者がたむろしたのだろう。

待合室を抜け事務室の前の廊下を通ると、廊下の突き当たりに階段がある。

階段は上階に続いている。

朽ちたりとはいえ、鉄筋コンクリートである。大分荒れてはいても段を踏み抜く心配はなさそうだった。

階段に堆《うずたか》く積もる土と埃。砂のように見えるものは建物の崩壊の予兆なのか、これまでの侵入者の靴裏から落ちたものなのか、今ひとつ分からない。

二階は主に病室だったようだ。

もちろん、ベッドや高額な医療機器の類はとうに運び出されているので、機器の痕跡や造りから見て「恐らくそうだろう」と想像したに過ぎないが、間取りを見る限り想像はそう大きくは外れていなさそうだ。

幾つかの病室を覗いたり侵入してみたりしたが、実際ただの廃墟でしかないので何も起こらない。

二階が済むと、三階に上がった。

二階と同じように病室や用途の分からない部屋を幾つか見て回るが、期待するようなことはやはり何も起きない。

だが、何もない。

屋上に出るドアも施錠されていなかったので、屋上まで出てみた。

「何もねえじゃんよ」

「全然怖くねえ」

拍子抜けだ、と同僚達が騒ぐ。

だから、〈有名な心霊スポット〉なんて大抵こういうもんなんだって。

所詮、ただの廃墟ってだけだって。

「まあ、そう言うなよ。一応、メインディッシュは最後に取っておいたからよ」

そういえば一階は待合室と事務室しか見なかった。

「一階には何があるの？」

「診察室と手術室。如何にも何かありそうだろ？」


結論から言うと、診察室と手術室には特記するようなことは特に何もなかった。

診察室など、医療機器や備え付けの什器がなければ病室と大差ない。

手術室はさすがに気密のしっかりしていそうなドアや、タイル張りの壁など他の部屋とは雰囲気が違った。が、それだけである。所詮は「ただの廃墟」に過ぎない。

「もういいや」

「帰ろうよ」

同僚達は口々にぼやく。

帰りたいのは怖いからではなく、緊張感すらなくなってダレてしまったからである。

こんなことなら酒でも飲んでいたほうがずっと楽しい。

帰るべ帰るべ、と足早に出口を目指したところで、同僚の一人が立ち止まった。

「……もう一部屋あるぜ」

見つけにくい場所に、それはあった。

河本さんは首を捻った。

こんなところに部屋なんてあったっけ。

行きに気付かなかったのは、診察室や手術室という分かりやすい施設を探すことに気を取られていたからだろうか。

検査室、レントゲン室。薬品庫、配膳室。

病室は上階にあった。だからナースルームとも思えない。

扉には小窓の一つもない。

「何だろう。これ」

霊安室……かな？

同僚が扉に手を掛けた。

ぐっと押すが、何か抵抗がある。

施錠されている訳ではないようで、観音開きの扉は部屋の内側に向かってぎしりぎしりと撓《たわ》む。

思いきって扉を押しきる。

――びりっ。

何かが破ける音が聞こえた。

開け放たれた扉の足元に、紙切れが落ちている。

達筆すぎて読めない何かが書かれた妙に細長い紙が、途中から千切れている。

これは、〈お札〉の類だろうか。
なるほど、扉を開けた拍子に破れたのか。
「なあ……この紙、どこにあった？」
「どこにって……あ」
扉にこんなもの貼ってなかった。
扉を開けたとき破れたのだとすると、これは扉の内側に貼られていた、ということだ。
室内を灯りで照らしてみるが、窓もその他のドアも何もない。
出入り口は今開けたこの扉しかない。
じゃあ、お札はどうやって貼ったのだろう。
そのことに気付いたのか、同僚達は誰一人として喋らなくなった。
その室内は暗かった。
これまで物見遊山の侵入者達にも発見されてこなかったせいなのか、床は綺麗だった。
正面に神棚らしきものが据えられている。
右手には薬品棚と思しきもの。
そして、左側の壁には手形があった。
黒い手形が白い壁にみっしりと痕を付けている。

「何あれ！」

河本さんは黒い手形を指して叫んだ。

「えっ？　何？」

同僚達は河本さんの指差す先に目を泳がすが、何を指しているのか気付けないようで、いずれも見当違いの場所をきょろきょろと探している。

「何かいんの？」

同僚達は室内を物色しているのだが、誰も手形の存在に違和感を覚えていない。

というより、河本さん以外に手形が見えていない。

これは、そういうことか。

何かがいるのだ。

ここは、これまで発見されてこなかった、封じられてきたガチの場所なのではないか。

そのことに河本さんだけが気付いた。

その瞬間、手形が変じた。

壁一面に張りついていた黒い手形が、一瞬蠢動したように見えた。

次にそれはむくむくと膨れ上がり、平面から立体に変わっていく。

手の〈痕〉だったものが、手そのものとして蘇り始めている。

「やばい。やばいやばいやばいやばい。出よう。もう出ようよ。ね。ここ出よう」

河本さんは同僚達を急かした。

だが、同僚達は何故自分達が急かされているのか、思い至れない。

手形は既に、手だけに収まらなかった。

何人分もの黒い人影に変わっている。

輪郭の怪しい影だけではない。

よりはっきりした身体を伴うものすら現れ始めた。

同僚達が物色していた薬品棚の上に、おばさんが蹲《うずくま》っていた。

入院患者だったのか、看護師か、それとも医師か、まったく無関係の誰かなのかは分からないが、おばさんはこちらをジッと見つめている。

神棚の下にも人体と思しきものが現れ始めた。

手足が欠損していたり、首から上が挫滅していたり、そうかと思えば指先や膝下のみのものであったり、そういうものが神棚の下を這いずり回っている。

ぽこ。ぽこり。

先程まで空っぽだった室内に、そういったものが湧き出ている。

何とも厭なものが部屋中に充満している。

河本さん一人だけに見えているのだろうが、それ故かこの危機感、この恐ろしさが同僚達には伝わらない。

同僚の一人が、声を上げた。

「わ。何だ。誰だこいつ！」

彼は薬品棚の上を指差して金切り声を上げた。

おばさんが見えているらしい。

「え？　は？　誰それ」

「何だよこれ」

「何この死体！」

彼らは一斉に、目覚めた。

突然、それらが見えるようになってしまった。

河本さんの祈りが通じたのか、彼女がブースターになったのかは分からないが、「ここから逃げなければ」という気持ちを、漸く全員が共有できた。

我先にと部屋から飛び出し、玄関を目指して全力疾走する。

女子を気に掛ける余裕もないようで、同僚達は誰一人河本さんを気遣う様子はなかった。

開けっ放しの玄関を飛び出し、進入路の塀を乗り越えた。

駐めてあった車の進路を塞ぐように、赤い回転灯を回した車が停まっていた。

「君達、ダメだよ。こういうとこ勝手に入っちゃ。不法侵入だよ不法侵入」

警察官はうんざりしたような顔で、河本さん達を叱った。


幸い、逮捕には至らず説教と厳重注意だけで解放された。

あのときほど、警察が頼もしく思えたことは後にも先にもない。

最も、警察が頼りになったのかと言われたらそこは分からない。

あの部屋にたむろしていた者どもが警察如きを恐れてくれたとは到底思えないし、警官の説諭が通じたとも思えない。

河本さん以外の同僚はこの後、一週間ほどに亘って三十九度以上の熱に魘《うな》された。

河本さんが無事だったのかというとそうでもなくて、彼女の部屋に得体の知れない何かが毎夜頻出して、こちらもダウン。半月にも及んでこれらに悩まされた。

漸く復調した一行は、

「これはやはり祟られている。謝りにいこう」

と、色々揃えて件の廃病院まで謝罪に出向いた日中、明るい時間に訪れてみると、廃病院は既に取り壊されていた。

侵入者の多さに手を焼いた住民の要望で取り壊されたということらしいのだが、疑問は残る。

河本さん達が苛《さいな》まれていた半月ほどの間に急遽取り壊しが決まったのか。

以前から取り壊しは決まっていて、この半月の間に工事を終えたということだったのか。

病院跡はこの後どうなるのか。

考えても詮無い事なので、一行は花束やらお供えやらを敷地の隅に積み上げてそのまま帰宅した。

もう二度と来ねえよ、と心に誓って。

当直バイト

今から二十年に少し届かないくらい昔の話。

中村医師は、札幌市内の病院に研修医として勤めていた。

当時の研修医は非常に給料が安かった。このため、殆どの研修医は研修先の病院の給料だけでは食べていけなかったので、研修先とは別の民間病院にアルバイトに入ることで生計を立てていた。

アルバイトと言っても、医療界でのアルバイトは世間一般の雑務や補助とは訳が違う。入院施設のある一定以上の規模の病院ともなると、入院患者のために常に医師が常駐している必要があるのだが、夜勤を担う人手はどうしても不足しがちになる。そこを医師免許を持つ研修医が補うのだが、これを研修医達は〈アルバイト〉と称していた。

もちろん違法な行為などではない。が、研修先病院での通常勤務に影響が出るようでは本末転倒なので、どちらも手を抜くことはできない。

特に中村医師は、研修を望む新人の人数が少なく慢性的に人手不足だった診療科にいた。

このため、夜は民間病院の泊まり込み当直、当直中に仮眠を取り朝になったらそこから研修先の大学病院に出勤する、というライフスタイルだった。実質的に二つの病院の間を往復しているようなもので、寝ても覚めても病院暮らしという状態である。

中村医師が勤めていた民間病院は、療養型病院だった。根治を目指すのではなく、症状緩和を主体としたホスピスと特別養護老人ホームの中間のようなところである。

このため入院患者は主に高齢者ばかりで、外来は滅多になかった。また、少なくない入院患者が死亡する病院でもあった。

緩和が主体になる高齢患者は、入院または転院してくることはあっても、健康を取り戻して退院していくことはまずない。長く暮らして終の棲家になる者は決して多くはなく、命の灯火を消し去るように、一人また一人と静かに力尽きていく。

ここは、そういう病院なのだった。

故に、研修医では手に負えないような難しいトラブルはあまり起きない。それ故、研修医でも当直が勤まるということなのだろう。

ここでは、起きている当直は〈医局〉と呼ばれる医師の詰め所のような場所にいることになっていた。ナースステーションの医師版のようなものだ。

そして、医局と繋がる当直室が実質的な仮眠室に当てられていた。

当直室とは名ばかりで、使い古されたベッドと患者の急変を知らせるための内線電話がぽつんと置かれただけの、素っ気ない部屋だった。

それでも、研修医時代の中村医師にとって、貴重な睡眠を取れる大事な場所であった。


その晩の当直は落ち着いていた。

殆ど眠りに来ているようなものであっても、当直は当直。忙しいときには、急変を知らせるコールで何度も眠りを妨げられたりもするのだが、この日は特にコールもなかった。

「朝までこの調子だとありがたいんだが……」

このところ過労気味で、休んでもあまり疲れが取れなくなってきていた。

そこで、翌朝すぐに大学病院に戻れるよう手荷物をまとめて、いつもより少し早めに仮眠に入った。

早め――とはいえ、床に就いたのは深夜一時を回ってからである。

一度仮眠に入ると、内線電話で起こされる場合以外、誰も宿直室には入ってこないことになっている。

にも拘わらず、間近に人影があった。

誰かが医局から宿直室に入り込んできたようだ。

「当直医が宿直室で寝ているときに、宿直医を直接起こすのは無礼に当たる」

いつからできたのかは知らないが、この病院にはそういう慣習があるらしかった。

研修医はアルバイトの身分なので、正規の勤務医と比べて立場は低い。常勤職員の誰かが、研修医を誹って仮眠を邪魔しにきた、とも思えないが、だからといって研修医の立場で先輩職員の無礼を詰《なじ》る訳にもいかない。

宿直室にはベッドと内線電話以外には、薬品棚の一つ机の一つすらない。故に、探し物をしにきたという風でもない。用事があるとしたら、仮眠中の医師へのコール以外にないのである。

室内に、人がいる。

誰がいるのかは分からないが、誰かいることだけは中村医師にもはっきりと分かる。

しかし、その人は〈そこにいる〉というだけで、それ以上は何もしない。

室内を見回すでもなく、近付いてくるでもなく。

ただぼんやり立って、ゆらゆら揺れているだけだ。

疲れていたから、そして強烈な眠気に抗えなかったから。どちらとも知れないが、中村医師は声を掛けるでもなく揺れる人影をぼんやり眺めながら、とろとろと眠りに落ちた。

翌早朝。

浅い眠りから覚めると、仮眠ベッドの左にある一メートルほどの狭い通路に、老婆が立っていた。

こぢんまりとした小柄な身体を、木綿と思しき普段使いの質素な着物で包んでいる。

この人物に心当たりはない。

入院患者だろうかとも思ったが、宿直室にまで患者が入り込んでくることはない。

こんな時間に誰だろう。

未だ朦朧《もうろう》とする頭を振りながら、老婆をぼんやりと眺める。

すると、老婆は中村医師に向かって手を伸ばしてきた。

触れようとしている。

いや、何かを手渡そうとしていた。

中村医師は、さほど深く考えず老婆に向かって手を伸ばした。

老婆から託されようとしているものを受け取ろうと思ったのだ。

指先が触れようかというその瞬間。

「オイッ！」

驚くほど大きな声が、中村医師の耳元で響いた。

中年か、もう少し上の男性の声だった。

驚いた中村医師は、伸ばしかけていた手を咄嗟に引っ込め、起き上がった。

誰ですか。

誰かいるんですか。

薄明るい宿直室を見回した。

しかし着物の老婆もいなければ、吐息が掛かるほど近くにいたであろう怒鳴った男の姿もない。

そこには、皺だらけになったよれよれの白衣を着た中村医師、ただ一人しかいなかった。


中村医師がこの病院でそうしたことを体験したのはこの一度きりだが、友人には「変な夢を見た」という笑い話としてしか話していない。

医師という職責にふさわしい、エビデンスを伴う的確な説明をうまくできる自信が未だ整わないためだ。

あの老婆の姿は今も割と鮮明に思い出せる。

訪問着などの豪奢《ごうしゃ》なものではない、かといって浴衣や入院患者の略式の入院着とも違う。

育ちのよさそうな年寄りが普段使いとして着こなしているような、質は良さそうだが決して華美ではないものだった。

ただ、そこまではっきり分かっているのに、老婆の顔が思い出せない。

この世の者ではなかったのかもしれないが、だからといって既に鬼籍にある祖母や曾祖母ではなかった。

老婆は、何を差し出そうとしたのか。

何故、それは阻止されたのか。

止めたほうの男は何者だったのか。

何もかも分からないことだらけだ。

皆勤社員

タカシさんがまだ勤め人だった頃の話。

今でこそ家業を手伝っているが、当時は池袋の西口で今も存続しているとある漢方の会社にいた。社屋は雑居ビルの二階。中小ひしめくこの界隈では、そこその老舗であるという。

とはいえ、店舗や工場は別にある。池袋の社屋はあくまで営業と本社機能のみ、ということになっている。

タカシさんが何の部署にいたのかは聞きそびれたが、ネクタイを締めて働いていたというようなことを言っていたことから、営業職であったかと思われる。

漢方の会社となると昔ながらの付き合いが深く、飛び込みで新規開拓みたいな営業よりも、馴染み顧客への御用聞きとか注文取りに近い業務内容だった。

その本社にいる社員は、専らおっさんと爺さんである。

が、女子もいる。

社屋の入り口辺りに立っていたり、営業部のデスクの前に立っていたり。

そうかと思えば、納品されたばかりの段ボールの前に立っていたりする。

入ったばかりの頃は受付嬢か何かなのかと思ったが、すぐに受付などないことに気付く。総務でもないし、もちろん営業ではない。

社長の秘書かと思ったが、そんなタマではないし社屋の外で見たことがない。

そういえば、誰も女の子に話し掛けているのを見たことがない。

女の子から社員の誰かに話し掛けているのを見たこともない。

「あの女の子は、どこの部署の子？」

仕事に慣れてきた頃に聞いてみた。

「ああ、気にしなくていいよ」

「うちの社員みたいなもんだよ。違うけど」

先輩社員や同僚が皆認識しているということは、タカシさんにしか見えていないとか、そういう類のものではないのだ、と分かって妙に安堵した。

きっと訳ありの女の子を預かっているとか、そういう類の話なんだろう。

何分にも経営の安定した老舗である。そういう会社であるので、何か事情のある社員の一人くらいいることもある。

なるほどな、と納得した。

それなら今度、声を掛けて酒でも誘ってみるかな。

「その前にまず名前聞かなきゃなあ」

そんなことを考えていた矢先。

女の子は、タカシさんに背を向けて廊下を歩いていき、そのまま壁にめり込んだ。

「めり込んで、それで消えちまったんだよな」

そういえば、立ち尽くしているところばかり見てきたけど、立ち去るところを見たのはこれが初めてだった。

足はあり、向こう側が透けて見えることもなく、足元には影もあり、社員が皆「そこに女子がいる」と認識しており、タカシさん自身も「いつもいる女子」と認識していた。

あまりにもはっきりと存在しすぎていたので、それが幽霊の類であることをまったく想定していなかった。

そして翌日。

女の子は社内にぼんやり立っていた。

退勤は常に壁からだが、出勤率はほぼ一〇〇パーセントであるという。

——それは今もいるんですか？

と訊ねると、

「いるよ。普通に社内をうろうろしてる。今度見にいこうよ」

と、誘われた。

是非！　と約束してあるので、今度見てこようと思う。

望まれたり疎まれたり

渋谷さんは、割と大きな工場にお勤めである。

「部門毎に建物が二、三棟ずつあるようなところでして」

規模が大きく勤めている工員の人数も多いとなると、一般工員には出入りしている人間の全てを把握するのは少々難しい。

自分と同じ部署の作業者は正社員でも派遣でもさすがにすぐに分かるが、共有通路を歩いてよその建物と行き交う人までは分からない。

皆、同じ作業服を纏い、目深に帽子を被り、何ならマスクをしていたりもするので、

「きっとうちの社員だろう」

くらいの認識である。

仮に不審者が紛れていてもそれとは分からないかもしれないが、そもそもそれは警備の仕事。一般工員が気にするところではない。

さて、この共有通路は一般向けの見学通路にもなっている。

工場の企業秘密には触れず、またちょっと楽そうで綺麗で楽しそうにも見えるので、地

元の小学生の社会科見学に使われたりもする。

作業の合間、彼女が身体を捻って振り返るときに、共通通路が一瞬だけ視界の隅に入る。

このとき、作業着姿の男がこちらに向かって歩いてくるのが見えた。

(また見学の案内か何かかな)

補充物を手に振り返ると、いない。

「あれ？」

正面から見るといない。

が、振り向きざま、或いは肩越しの視界の隅ぎりぎりのところに、確かにいる。

はっきりそれと確かめようとするといない。

またあるときは、工場内に複雑に入り組んで並べられている機械の横を通って、自分の作業台に向かって走ってくるのが見えたことがある。

やはり、それは視界の隅にちらちらと見えている。

随分な速度で駆け寄ってくるので、何事!?　と、そちらを慌てて振り向くと、やはりいない。

――こりゃあ、私も随分疲れてる。

「ちょっと休憩行ってきます」

一声掛けてラインから外れ、建物の裏手にある自販機に飲み物を買いに行った。

ガコンと落ちてくるペットボトルを取りだし、キャップを外してぐいっと一口。

「ふふふ」「ハハッ」

休憩所に若い女の笑い声が聞こえる。

もう一人、男も一緒になって笑っている。どこかの部署で何か笑える話でもあったのか、と耳を欹ててみるが、笑い声が聞こえるだけで話題は聞こえてこない。

そして、休憩所にいるのは渋谷さん一人だけである。

他には誰もいないが、その場に響く笑い声は楽しげである。


この工場は、敷地内に〈そういうこと〉がよくあることで有名なのだそうで、各棟にそれぞれ必ず一つ以上の目撃談やら定番の出現話やらがある。工員による実際の目撃事例も夥《おびただ》しい。

「ただ、うちの部署は十何年か前にお祓いをやっちゃったらしくて。そのせいであんまり出ないんですよね」

ちょっと、残念です、と渋谷さんは笑う。

「だって、こういうことがあった日は、仕事がスムーズに進むんですよ。だから、むしろもっと出てほしいなって願ってるんですけど、まあそう都合よく出ないというか」

＊

別の工場の話。

目黒さんの勤める工場では、医療資材を製造している。

製造時、環境と作業者の清浄清潔に一際気を配ることを除けば、作業そのものはその他の工業製品の製造と大きくは違わない。

ベルトコンベアによる流れ作業の最中のこと。

同僚の山岸君と並んで製造品をコンベア上から手早くつまみ上げていると、そこに見知らぬ女がいた。

女は、コンベアに異物が紛れるのを防ぐための防護アクリル部分から顔を出し、山岸君の手元を覗き込んでいる。

（誰よ、あれ）

目黒さんは首を捻った。

ここのスタッフ、ではない。知った顔ではない。

何より、防護アクリルの内側に顔を突き出している。

アクリル板に隙間はない。外から覗ける構造ではないのである。

つまり？

女は防護アクリルの内側に〈生えて〉いる、ということになる。

「……あれ？」

そのことに気付いて再び女を見る。

女は山岸君に向かって媚びるような笑みを浮かべた。

そして笑みを残してスッと消えていった。

「や、ままま、山岸君！　ちょっと！　今の！」

集中していた山岸君は気付かなかったらしい。


古参の先輩によると、この〈女〉は以前から噂になっているという。

「そいつ、男好きなのよ」

曰く、男性スタッフが作業をしていると現れる。

そして、男の前では大人しくしている。

品を作って媚びたりもしているように見える。

作業者の隣に寄りそうように立って、その作業を慈しむような優しい目で見つめている。見つめているだけで、それ以上はどうということはない。

現れるのはいつも同じ女で、男が出たことは一度もない。

故に、その女はお局《つぼね》幽霊と呼ばれていた。特に女性スタッフの間で。


ある日のこと。

とある作業ラインが急停止した。

こうした半自動化工程では、次々に製品を押し流してくる装置とそれを捌く人間との連携が重要である。故に、僅かにでも想定外の異物があれば、光線が遮断されてセンサーがそれに反応し、システムが停まる。

大抵は想定外の異物を取りのぞけばシステムは復旧する。

慌ただしく原因を調べたところ、センサーが何らかの誤作動を起こしたものと分かった。

取りのぞくべき異物はなく、システムをリセットしても装置に変化がない。

このラインはチームリーダーから作業者まで全て女性のみで作業しているのだが、基礎的な対応以上のことになると専門的すぎて手に負えない。

「工務課に連絡お願いします」

装置の不具合を解消すべく、工務課から中井主任がやってきた。

「お待たせ。どこがトラブってるんだって？」

彼がラインの前に立った途端、システムが復旧した。

中井主任は、まだ何もしていない。

呼ばれて、ここまで来た。それだけである。

「えーと……どこがトラブってるんだって？」

「さっきまでうんともすんとも言わなかったんですけど、もういいです。直りました」

そうとしか言いようがない。

「えー……何もしてないのに壊れたとか、何もしてないのに直ったとか、そういうの止めてよね……」

ぶつくさ言いながら中井主任が退室し、気まずい空気になった。

後輩の女性スタッフが、目黒さんの袖を突いて言った。

「今の、見ました？」

彼女が言うに、異物は確かにあった、という。

「センサーの前に、白い手みたいなのがあったんです」

それはセンサーの前でひらひら動いていて、光線を遮断していた。

何度リセットしようがセンサーをそいつが遮っているので、装置は動作しなかった。誤作動ではない。システムは正常に動作していたのである。

「でも、中井主任が来たらその白い手みたいなの、センサーの前から離れて主任の後にくっついていったんですよ」

中井主任がその場を去ると、白い手はするりと消えた。

「何それ。もしかしていつもの奴？」

「たぶん」

「あいつ、男を呼ぶために私達の仕事を邪魔してんじゃないの？」

チーム全員が女性であったが故、ということか。

結局、遅れた作業分を取り戻すため、この日は残業が決定した。

斯様《かよう》に件の〈女〉は男性に優しく、女性には厳しい。というより嫌がらせが多い。


工場は昼夜二交代制なのだが、ある夜勤の晩のこと。

目黒さんが工場の廊下を歩いていると、背後から女の声が聞こえる。

何を喋っているのかははっきりとしない。自分への呼びかけのようでもあるし、意味を持たないざわめきのようにも感じられる。

ただ、何とも苛立たしくうざったい。

後ろを振り向くのだが、誰もいない。

前を向くとささめくような声がする。

振り向くとやはりいない。

これは――例の奴ではあるまいか。

とはいえ、何か対応策があるでもないし、手に負えない存在に対抗できるだけの勇気もない。

腹立たしくはあっても、やはり怖いものは怖いのである。

背後に気配がある。人いきれ、体温のような何か、吐息、そういったものを感じる。

それが目黒さんの背中の近くに張りつくように忍び寄ってきた。

もう自分の真後ろ、何なら首筋近くに何かが〈いる〉のだけがはっきり分かる。

分かるが故に、もう後ろを振り向けない。

誰かいないか、誰かいないかと実体のある見知った同僚の姿を探し求めるが、こんなときに限って誰とも出会わない。

早歩きは次第に小走りになる。目黒さんは当初の目的地だった部屋のドアを勢いよく開けて、室内に駆け込んだ。

と、同時に笑い声が聞こえた。

「うひゃっ。ひゃひゃひゃひゃひゃひゃひゃひゃひゃひゃひゃひゃ」

品のない下卑た笑い声には、嘲りが多分に含まれている。

驚かすためなのか、わざわざ目黒さんの耳元近くで大声で笑う。

突然驚かされると心臓が飛び出るほどにびっくりする。

ありふれた怪談語りの終わりに、演者が大声で「おまえの後ろにいる！」と叫んだりする演出があるが、あれは怖い怖くない以前に大変びっくりさせられる。

それを幽霊に仕掛けられたようなもので、その点で酷く悪質である。

目黒さんは文字通り腰を抜かし、その場に座りこんで号泣した。

この工場には男好きする女の幽霊がいる。

女嫌いでねちねち女性スタッフをいびる、お局のような幽霊がいる。

が、いつからいるのか、何故出るのか、何故男に付きまとい、女を嫌うのか。

その一切が不明である。が――。

「そんなことどうでもいいんです。とにかく！　私達はそいつのこと大嫌いなんです！」

それが女性スタッフ一同の総意である。

お静かに願います

とあるゲームの音声収録中のお話。

『では、シーン十一番からお願いします。スタート』

調整室にいる録音監督のキューの後、主演声優さんは演じ始めたのだが、突然台詞が止まった。

『あれっ？　どうしました？』

新人声優に限らずベテラン声優でも台詞に詰まったり、噛んだりしてしまうことはある。切っ掛けが合わないこともあるので、進行のストップは珍しくない。

声優さんは首を捻り、そして録音室のガラス越しに何でもないと手を振った。

「いえ、最初からお願いします」

『では、シーン十一番、頭からもう一度お願いします』

キューの後、声優さんは再び喋り始めるのだが、やはり同じところで止まってしまう。

そして、後ろを振り返っている。

声優さんの背後には出入り口の重い防音ドアがあるだけで、録音室の中には彼女一人しかいない。

「あの、すいません。さっきから、ドアを開け閉めする音が聞こえるんですけど、どなたかいらっしゃいますか」

　録音室の内部は録音監督のいる調整室からも見えている。

　ドアはずっとしまったままである。

「あと、さっきから……うーん、音声が混線しているというか……モニターに私以外の誰かの声が交じるんですけど……」

　アニメでもゲームでも概ね同様だが、録音室では声優はヘッドホンを着けて喋る。

　これは自分の声をモニターするためで、ヘッドホンからは喋っている自分の声だけが聞こえてくる。

　本番中は、調整室からの指示音声を別にすれば、マイクが拾った演者本人の声しか聞こえないはずである。

　が、頻繁に別の誰かの話し声やら、ドアを開け閉めする音が聞こえるという。

　プロであるとはいえ、集中しているときに雑音異音が頻発すると、集中力も途切れがちになる。

　何度やり直しても、「バーン！」とドアを乱暴に閉める音が聞こえてくる。

その都度、ビクッと驚き、振り返り、それで声が揺らいでNGが出る。
もちろん、ドアは一ミリたりとも動いてはいないのである。
「もう！　これどうにかならないんですか！」
怒りをぶつける当てに困り、録音監督に文句を言った。
すると、録音監督は親指を立てて、
『いやあ、このゲームらしくなってきましたよ！』
と大喜びしていた。

迷惑が掛かるといけないのでタイトルは伏せるが、とある有名ホラーゲームの収録中の話である。
問題のスタジオは当時、東京は田町にあったとのこと。

通いの居候

加奈さんには、歯科技工士の妹さんがいる。

その妹さん曰く、

「職場に誰かいるんだよね」

妹さんの勤め先は少し年季の入った古びた歯科医院である。

大ベテランの老歯科医が院長を務め、若い歯科技工士や歯科助手がそれを支えるアットホームな職場である。

その歯科医院には、スタッフの休憩室に当てられている和室がある。

休憩室は主にスタッフが寛ぐところで、老院長などはあまり顔を出さない。もちろん、患者や部外者が出入りする場所でもない。

が、そこに女の人がいる、という。

何をするでもなく、ただうろうろしている。

そうかと思えば、診察中、施術中に、視線を感じることがある。

患者の口腔を開いてあれこれ作業をしていると、肩越しに誰かに覗かれている。

同じ女の人である。

「え、何それ。病院の関係者とか？」

「違うと思う。っていうか、私以外にも先生やスタッフが何人かいるんだけど、その人のこと誰も全然気にしてないんだよね」

「あ！　そういう」

「そう。そういう」

加奈さんは合点した。

「何だろうねえ」

「誰なんだろうねえ」

姉妹は首を捻った。

加奈さん一家は、その全員が〈そういうの〉が分かるタチだった。

父は音が聞こえる。

何かいる、何か音がした、とよく耳を欹てている。

母は匂いを感じる。

〈そういうの〉が身近にいると、何やら匂いで分かるらしい。

妹さんはというと、聞こえて、視える。

そして加奈さんは、聞こえて匂って視える。全部入り。

つまりは、能力者一家である。

他人様に喧伝して歩くことでもないから家の外ではあまり話題にはしないものの、家族の全員が何らかの形で異界の存在を感じてしまうので、〈そういうの〉は殊更身近だった。

視える人というのは、大抵はその能力についてうまく説明することができない。視えない人にどれほど熱弁を揮っても通じないし、そも正気を疑われたりもする。

それ故、「見えているけど見えない振り」に徹するなど、その方面に限っては秘密を抱えて孤立しがちになる。

「何か聞こえるぞ」「匂うわね」「あっ、あそこにいる！」

というのが家族の普段の会話というのもどうなんだとは思われるが、〈そういうの〉についても家族は誰一人として懐疑的ではない。そのため、視えることが負担になったり家族にも打ち明けられない重荷になったり、ということがなくて済んだのは幸いだった。

何しろそんな一家であるので、実家を建て直すということになったときは随分な念の入れようだった。

父の知り合いだか母の伝手《つて》だか、どこから呼ばれてきたのかはよく知らないのだが、一家よりもずっと力が強いらしいその道の専門家――霊能者が連れてこられた。

元あった家を取り壊してそこに新しい家を新築するに当たって、設計士が引いた図面を元に、父と母と霊能者は眉根を寄せて相談を密にした。

「ここは、こうしましょう。この庭木はこちらに。玄関の向きはこちら向きで」

霊能者は、霊能者にしか分からないであろう視点から、何やら様々なアドバイスを重ねてきた。父と母は、それぞれ頷いてアドバイスを設計に盛り込んでいく。

設計士はというと、施主がどういう意図で妙に細かい指示を入れてきたのか思いも寄らなかっただろうが、これからここを終の棲家とする両親は、真剣そのものである。

「聞こえたり匂ったり視えたり、そういうのが家でも起きるの厭だろ?」

「だよねえ。家では寛ぎたいもんねえ」

こうして、一家は慎重に慎重を重ねて「霊的に安全な実家」を新築した。

やはり、家は安心できるのが何より大切である。


そうして新しくなった実家に加奈さんが帰省したときのこと。

両親も妹さんも仕事で出払っているらしく、実家は無人である。

玄関を開けると、まだ青々とした真新しい畳の匂いがする。

実家なのに知らない家みたい。

とはいえ、自分の実家であることは間違いない。

「ただいまあ」

加奈さんは無人の実家に一声掛けて靴を脱いだ。

荷物を置いて一階のリビングで一息入れていると、廊下に人影が見えた。

（あれっ？　もう帰ってきたのかな？）

家族の仕事がはねるにはまだ少し早い時間である。

足元まである白い丈の長い服を着て、腰まである長い髪を揺らして歩いていく。

「お母さん？」

と声を掛けてから、〈ではないな〉と気付いた。

母はあんなに髪が長くない。妹さんもあそこまで髪が長くない。

それに、白い服……あれは着物だった。

浴衣ではなく帷子《かたびら》でもない、とは思う。着物にはあまり詳しくはないので、それ以上のことは分からないが、線の細い綺麗な女の人だった。

足音は聞こえない。

そもそも、リビングと廊下を隔てているのは曇りガラスの引き戸である。

ガラスの向こうにいる人物が、〈綺麗な女の人〉だと分かるような代物ではない。

と、言うことは――？

そこで加奈さんは、一人合点した。

ああ。〈そういうの〉かな。

女の人は、廊下をうろうろしている。

足音は聞こえない。

何か目的を持っているようにも、探し物をしているようにも見えない。

戸惑っているようでもない。

特に何かある訳でもなく、ただただ廊下を歩いているだけだった。

「まあ、それだけなら別に……いいか」

両親の目指した〈霊的に安全な家〉構想は崩れているような気もしたが、敵意が向けられていないなら別に構わない、ということで、廊下の人への興味は薄れた。


次に帰省したときにもいた。

通りすがりの人なのかと思っていたが、どうやらそうではないらしい。

この家に閉じこめられているのかというと、そういうこともない様子。

霊能者が念入りに指図して建てた特別製の家のはずだが、廊下をうろうろする女の人が何か障害や結界の類に影響されている様子はなかった。

折角の新築なのに、結局我が家はまたこれなのか。

妹さんにも見えているのかどうか、そういえば確かめていなかった。

見えていないことはないはずだが、帰省中に顔を合わせても特に話題に挙げてこない。

加奈さん一家は〈視える〉ことについて別に懐疑的ではないが、割と日常茶飯事なこともあってか、いちいちそれらについて話をすることはない。

妹さんが話題として振ってこないのも、たぶんそのせいだろう。


またある夜のこと。

加奈さんが帰宅すると、妹さんがリビングのソファでテレビを視ていた。

廊下の人は、珍しく廊下にいなかった。

が、確かにいる。

どこか、畳の部屋に座って静かに項垂《うなだ》れている女の人が見える。

が、この家のどこかではない加奈さんが知らない部屋。それが見えているようだ。

ずっと、この廊下の人は家に居着いているのかと思っていたが、どうやらそうではなくて妹さんに憑いているのでは、という考えが浮かんできた。

「あんたさ、前に職場の休憩室に女の人が出るって言ってなかったっけ」

「あー、うん」

「その人、うちに連れてきてない?」

歯科医院の休憩室に女の人がいるが、誰も気にしないからきっと〈そういうの〉だろう、という話をしたのは、この家を新築するよりも前のことである。

聞く限り、当てはまるのはその人しかいない気がした。

「あー、そうかも」

妹さんは身体を起こして辺りを見回した。

「まだいるよね。そのへんに」

やはり妹さんも気付いてはいたようだった。

気付いた上で、放置していたらしい。

「何かしてくる訳でもないから、別にいいかな、って」

「あんたがいいなら、じゃあ別にいいか」

解決はしていないが、解決しなければいけない理由もないので棚上げとした。

〈そういうの〉に対する姉妹の距離感は大体いつもこうだった。

それからも、女の人は帰省するたびに実家で見かけた。

やはり何をするという訳でもない。これは首尾一貫していて、本当にただただそこを彷徨《うろつ》いているだけなのである。

なので、「誰だかよくは知らないけど、いつも家にいる誰か」扱いで定着していた。

妹さんだけでなく、両親も「いるんだろうなあとは思うんだけど、特に何もされてないからいいかと思って」で放置しているらしい。

聞きしに勝る霊的鷹揚《おうよう》さである。


そして、これは昨夏の話になる。

廊下の女の人が居候し始めてから、五年近くになる。

その間、特にコミュニケーションを持つことこそなかったものの、彼女は欠かさず家の中を好きなように闊歩《かっぽ》していた。だが、その夏は違った。

加奈さんが実家に帰ると、件の女の人はいなかった。

「あれ？」

いないいな。

いるのが当たり前になっていたので、いないことが却って新鮮だった。

家中を探し回ってしまったが、やはりどこにも見当たらない。

いよいよ飽きたのか、他に目的ができたのか、それとも何か成就でもしたのか。

いなければいないで気になる。

加奈さんは、仕事上がりで帰宅してきた妹さんに訊ねた。

「ねえ、あの人いないいんだけど、どこ行ったの？」

「あー、あれね。それがさ、誰か分かったんだよ、あの人」

妹さんは歯科技工士である。

勤め先の歯科医院には、院長を務める老歯科医がいる。

その院長先生が、ある日こう言った。

「懐かしいものを見つけたよ」

手には一葉の古びた写真を持っている。

家の片付けをしていて、たまたま見つけたのだという。

そこには、古風だが美しい女性が写っていた。

「私の姉なんだが、美人だろ？」

それは誰あろう——長きに亘って加奈さんの実家に居候を決め込んできた、あの女の人だった。

「それから休憩室には現れなくなって、うちからもいなくなったんだよ」

なるほど。なるほどなるほど。

加奈さんは合点した。

「思い出してもらいたかったんだね」

「うん。院長先生がお姉さんのこと思い出したから、いなくなったんじゃないかなって」

つまり、願いが叶ったからってことか。

「そっか。よかった」

「うん。よかった」

妹さんの職場に現れていたことには合点がいったし、何故妹さんにくっついてこの家から歯科医院に通勤していたのかは謎のままではあるが、よかったよかった。

その人はもういないので、後日談はない、とのこと。

河原より来たりて

加奈さんの妹さんが、まだ専門学校生だった頃のこと。

まだ加奈さんの実家が建て直される前、妹さんが歯科技工士として働き出すより大分前のことである。

妹さんは当時の仲間と連れ立って、キャンプに出掛けた。

キャンプと言っても、河原に出掛けていってそこで煮炊きやＢＢＱのようなことをしてきただけなので、デイキャンプや芋煮会に近い。

この日、たまたま加奈さんは帰省してきていた。

玄関を上がると、妹さんの靴があった。

どうやら、もう帰ってきているらしい。

居間に姿がないところを見ると、自室に戻っているようだ。

「ただいまー。どうしたの」

妹さんは自室のベッドの上でぐったりしていた。

「今日、河原に行ってきたんだけど、何か疲れちゃって」

「どっか痛いの？」

「そういう訳じゃないんだけど、うーん」

妹さんは消え入りそうな弱々しい声で呻《うめ》く。

ベッドに近付こうとしたところで、加奈さんはそれに気付いた。

妹さんが伏せているベッドの下に、赤いものがあった。

最初、それはぬいぐるみだと思った。

が、違った。

人のなりはしている。

が、その口元には、小さいながら牙がある。

鬼、或いは真っ赤な小鬼である。

「ねえ……あんた、河原から何か変なの連れ帰ってこなかった？」

「分かんない。ん……でも、そうかも……」

どうにかしなければと思ったが、どうしていいか分からない。

力尽くでどうにかできる気もしない。

しかし、このままでは妹さんに一大事が起きないとも限らない。

加奈さんは、妹さんの部屋の窓をバーンと開け放った。

「出てけ！　おまえには、何もしてやれないぞ！」

自分でも驚くほど大きな声を、腹の底から絞り出して怒鳴った。

すると、真っ赤な小鬼はもぞもぞと蠢《うごめ》き、ベッドの下から這い出してきた。

それは、鬼でも小鬼でもなかった。

そう見えるが違う。

河原で水死したであろう、子供だった。

真っ赤な子供は、妹さんと加奈さんを振り返りつつ、しかしその言葉には従って窓から這い出していった。


見えても聞こえても匂っても、どうにかできる訳ではない。

何故現れたのかが分からない。

何故自分が、と思うとむしろ怖い。

普通の人が遭わずに済むことに出くわすことが怖い。

そして、縋られてもどうにもしてやれない自分の非力が悲しかった。

だがそれは、どうにもできないことなのだ。

折り合っていくしかない。

これが始まり

二十世紀の終わり頃、愛弓さんは小学校高学年くらいだった。

その頃、愛弓さん一家は毎年夏になると家族旅行に行っていた。行き先は毎年同じで、岩手県内の山中にあるキャンプ場である。

キャンプ場とは言っても、家族十組ほどで埋まってしまうようなこぢんまりしたスポットで、あまりキャンパーで賑やかになりすぎないところがよかった。

愛弓さん、兄、母、それから祖父母の五人で、テントを立て、火を熾《おこ》す。

昼間は空気の綺麗な山場で兄や母と遊び、夜になるとちょっとしたアウトドア料理に舌鼓を打つ。

広場に煌々《こうこう》と焚かれたキャンプファイヤーが夜空を焦がし、満天の降るような星空に感動した。

岩手の夏は、日中は暑い。が、夜は冷え込んでくる。まして標高の高い山中ともなると、一足早く秋が訪れているかと思わされるほどで、やはり寒さのほうが勝る。

「ねえ、トイレに行きたいんだけど、付いてきてくれない？」

もじもじしながらそう言ったのは、母のほうであった。

「いいよ」

愛弓さんも、そろそろ花でも摘みにと思っていたところだったので、渡りに船で母に付いていった。

二人連れ立ってキャンプファイヤーから離れ、キャンプサイトから少し外れたところにある共同トイレに向かった。

トイレの周囲には電灯はなく、内部にも灯りがない。電気も引いていない山の中のキャンプ場だから、そこは仕方がない。

が、キャンプファイヤーの灯りに照らされて、幾人かの先客がいるのが分かった。

二人は列の最後尾に並んだ。

「まだ八月なのに、やっぱり夜は寒いねえ」

母は薄着で来てしまったことを少し後悔していたようで、手を摺り合わせながらぼやく。

愛弓さん達の後ろには誰もおらず、彼女達が最後のようだ。

そうこうしているうちに順番が回ってきた。

「お待たせ」「お先に失礼」

共同トイレには個室が二つだけあったが、ちょうど二つとも空いた。

個室の中にも灯りはなかった。

かといって真っ暗なのかというとそうでもない。

個室の窓から申しわけ程度に差し込むキャンプファイヤーの仄かな灯りで、何となく個室内の様子が分かる。

「……うわあ、くらあい」

母の情けない独り言が聞こえてくる。

愛弓さんも用を足して一息ついた辺りで、隣の個室から母の声が聞こえてきた。

「愛弓ちゃん、そこにいる？　先に出たら待っててね！　一人で帰らないでね！」

母の声が僅かに上ずっているのが分かる。

これは、保護者なんだからとか、親なんだからとかいうことではなく、単純に母も暗がりが怖いのだ、と声音で分かった。

愛弓さんは暗がりはあまり気にならないほうだった。思いの外怖がりな母の様子が面白くて、呆れ気味に返事をする。

「分かった分かった」

と、そのとき、念を押すようにもう一声聞こえてきた。

「待っててね！」

それは、母の声ではなかった。

甲高く、幼い。

愛弓さん自身よりも更に幼い幼女の声であったと思う。

そう認識した瞬間、慌てて下着をずりあげ、個室の扉を開け放った。

同時に、正面の扉も勢いよく開いて、母が飛び出してきた。

「聞いた？」

「聞いた」

短い確認だけで十分だった。

親子は顔を見合わせ、瞬時に〈ここはまずい〉と頷き合った。

走り出したいのを堪え、叫び出したいのも呑み込み、決して振り向かず、一言も言葉を交わさない。

母は乱れたシャツの裾を慌てて整えつつも愛弓さんの手を引き、無言のままテントサイトまで足早に戻った。

共同トイレの外には、砂利が敷いてあった。

列に並んでいたときも、先客が出ていったときも、愛弓さん達が足早に立ち去ったときも、砂利を踏む音がはっきり聞こえていた。

個室の外に順番待ちがいることを知らせるためか、トイレに近付くものがいることを知らせるためか、それとも単なる雑草除けなのかは分からない。とにかく、トイレの付近に人がいれば音がする。

が、あの幼い声を聞いたとき、砂利は鳴らなかった。

慌てて個室から飛び出したときも、自分達の足音以外は聞こえなかった。

母は共同トイレのほうに顔を向けないようにしながら、次第に小さくなっていくキャンプファイヤーの炎に視線を釘付けにしている。

「愛弓ちゃん」

「うん」

「聞かなかったことにしよっか」

「うん」

母子は合意した。

件のキャンプ場については、諸般の事情で翌年から行けなくなってしまった。

そのため、以降のことはよく分からない。

ところで、愛弓さんはというと、この一件を契機に「そういったもの」の存在を察知することができるようになったとのこと。
どうやら余談がありそうなので、またお知らせ下さい。

毛深く臭く

竹書房怪談文庫は昨今益々盛んで、多くの優秀な怪談発掘者、怪談朗読者、怪談著者を生み出している。十数年前、著者が総監修を務めさせていただいた、実話怪談作家をスカウトするコンテストであった『超-1』は、昨今「超」怖い話や恐怖箱を始めとする多くの実話怪談関連書籍で活躍する著者陣を輩出している。

先頃、『怪談売買録 死季』を上梓された宇津呂鹿太郎氏もまた超-1でお見かけした怪談著者のお一人なのだが、その『怪談売買録 死季』の中に、「ツチノコ」というお話がある。

これまで、色々な不思議な怪異の遭遇譚をお話しいただいてきた高津さんが仰るところ、

「たぶんあれと同じの、私、見たことありますよ」

とのこと。

まずその容姿形状はこうである。

一言でその印象を述べるなら、「焦げ茶色のムック」であるという。

ポンキッキに出てくるアレ。

まずここから、宇津呂鹿太郎氏が記しているのと一致する。

全体を、わさわさした焦げ茶色の剛毛に覆われている。

それは頭頂付近から生えているので髪の毛であるようで、しかし全身をそれが覆っているので、もしかしたら体毛と境界がないのかもしれない。

ムックと異なり、頭頂付近にプロペラはない。

そして、飛び出た目玉のようなものは当然ない。

それ以外は概ねムックである。

このため、高津さんはこれを便宜上、〈ムック〉と呼び習わしている。

とはいえ、この〈ムック〉は本家と異なる点も多い。

まず足。

足は、毛むくじゃらのわさわさした長毛の下部から、膝下だけが突き出ている。

裸足である。

腕も足と同様に、毛むくじゃらのわさわさした長毛の中腹辺りから、肘先だけが突き出ている。

腕も足も飛び出ているので、手首足首しか無毛の箇所がない本家のムックに比べると、手足の露出は大分大きい。

そして、手足は毛深い。

とはいえ、獣ほどに毛深い訳ではなく、「髭や胸毛が濃いような毛深い男性が、腕毛や臑毛の手入れをしていない」という程度の毛深さである。

「あ、でもツルッてしてるのもいるんですよ」

——えっ。それ一体だけじゃないんですか？

「色々見かけますよ。概ね皆ムックなんですけど」

腕や足の長さの比率、手足の露出具合などはほぼ同じだが、極端に毛深くないのがいる、という。類似した者が複数いるという点は、宇津呂鹿太郎氏の書き記されたものと異なる。

「何というか、肌つやがよくて。若い女性か子供じゃないかと思います」

つまり、その怪異は単独の存在ではなく、男女の性差や年齢差のある別個体が存在する、ということらしい。

高津さんの目撃記憶によると、「頭頂から生えた髪か体毛か分からないものに全身を覆われていて、肘先、膝先だけが突き出ている」という点は全て共通している。

これに加えて、もうひとつ共通する特徴がある。

鼻である。

顔に相当する辺りに、巨大な鷲鼻がある。

嘴《くちばし》かと思うほどに大きく長い鷲鼻は、顔面を覆う毛を掻き分けるようにして、それだけが突出している。

そして、鼻の下辺りに口がある。

口と言っても、本家のムックのように顎が動いたりはしない。

高津さんの見る〈ムック〉の場合、鼻の下辺りにぽっかり開いた穴がある。

ただそれだけ。

汚れたモップ、または汚れた獣の毛皮を被っているようにも見える。

モップの間から人参が生えており、歯も唇も見えないがぽっかり穴も開いている。

手足があるから、「人のような何か」だと判別できるが、それがなかったらもはや何者であるかすら想像が付かない。

——大きさはどのくらいです？

「えっと、大きいのは凄く大きいです。百八十センチくらい？」

これは、手足が毛深い奴の大きさだそうだ。

肌つやの良い、もう少し小さいのは百五十センチ前後くらい。

それが手を繋いでいる更に小さいのがいて、これが百センチ以下くらい。

百五十センチくらいのと百センチくらいのは、恐らく母子ではないかと思われた。

だとすれば、百八十センチくらいの毛深いのは父であろうか。

「でも、もっと小さいのもいるんですよ」

高津さんが見た中で一番小さかったのは、毛深い父と思しき〈ムック〉や、母と思しき〈ムック〉に、その両腕で大切に抱きかかえられていた。

頭頂から全身に及んでいるのであろう毛深さも巨大な鷲鼻も父母兄弟と変わらないが、最も小さい〈ムック〉はというと布のようなものでぐるぐると巻かれている。我々が知るもので近いのは、「お包《くる》み」の類だろうか。

だから恐らくそれは、〈ムック〉の赤ん坊ではないかと思われた。

ただ、何分にも毛深くて顔が見えないので詳細が分からない。

――そんな奴ら……というか、高津さんの仰る連中は一体どこにいるんです？

「割とそこらへんにいますね。山や川があるような辺鄙《へんぴ》な場所ではなく、街中のそこら中にいます」

昼日中いつもいるということではないのだが、それは突然視界に現れる。

とはいえ、現れるときには明確な予兆がある。

臭うのである。

「すっごく臭いんですよ。洗ってない犬とか、獣臭とか、そういうレベルじゃないです。

長年風呂に入ってない人の体臭みたいな、目に沁みるくらいの異臭です」

あまりの臭さに、それが視界に現れる前に「近くに〈ムック〉がいるな」と分かるレベルなのだという。

〈ムック〉達の生態は殆ど分からないが、時々何かを食べているのを見かけるという。

大きな麻袋のような、ざっくりとした容れ物……布のように思えるもので作られた袋状のものを手にしていることがある。

その袋の中に手を入れ、中身を掴みだして口――たぶん口と思しき穴に入れて、咀嚼《そしゃく》している。咀嚼しているのだから、何かを食べているのだろう。

粒状の何かのようだが、正体が分からない。

高津さんは一度、それを確かめようと袋の中を覗いてみたことがある。

「それでも分からないんです。自分の知っているものの中に、例えられるものが何もないっていうか」

――待って。覗けるんですか？　そんなに近寄れる？

「ええ。近寄る分には何も問題ないので。いつも無視されてますし」

臭いのを我慢できるなら、こちらから近寄っていくことはできるし、袋の中を覗いても〈ムック〉達には気付かれない。

というより、〈ムック〉達は高津さんのことが見えていないように振る舞っている。実際、見えていないのかもしれない。

「これが、大体一カ月に二〜三回くらいの頻度で見えるんです。平行世界だか何だか分からないけど、私達のとは違う別の世界か何かがあって、そこに暮らしているものがたまたまこちらの世界と重なって自分にだけ見えてる、とかまあそういうものかな、と」

それを妖怪と看做《みな》していいのか、幽霊と畏れ戦《おのの》くべきなのか。どう解釈してどう納得すればいいのかが分からない。

分からないが、「よくいる人達」という以上の詮索はしようがないので、高津さんは〈そういうもの〉だと折り合ってきた。

「それが宇津呂さんの本に出てきたから、ああアレ、私だけが見る錯覚じゃないんだって思って」

同じものを見ている人がもっといるかもしれないので、続報、追加報、目撃情報など巻末の連絡先までお寄せ頂ければ幸いである。

森の匂い

東日本大震災の前の年のこと。

加奈さんは御夫婦で山形の実家に里帰りしたのだが、実家からの帰り道に蔵王に寄った。

目当ては足湯である。

無料の足湯を楽しめるスポットがあり、そこで寛ぐのが加奈さん夫婦の何よりの楽しみであった。

存分にリラックスした二人は、今の住まいである街中のマンションに帰宅すべく御主人が運転する車に乗り込んだ。

蔵王から下るその道は、延々山の中、森の中を走る。

助手席から車窓の外を眺めていた加奈さんは、幾つかのつづらに折れた山道を行くうちに、妙な違和感を覚えた。

匂う。

強く匂う。森の匂いがする。

湿った土の匂いと、樹々の樹皮の匂い、湿度を含んだ苔の匂い、それから草の匂い。

それらが交じり合った緑の匂い、総じて森の匂いである。

どこからか匂っているのかとも思ったが、車の窓は閉まっている。

そして、御主人に変わった様子はない。

森の匂いは、加奈さんの鼻腔の中にだけ燻っている。

匂いに当てられすぎて、車酔いしそうだった。

窓を開けようかとも思ったが、車は尚も森の中を走っている。

車の中でこれだけ匂うのだから、窓を開けたら更に匂いがきつくなるのではないか。

自分が納得できる理由が見つからないまま、車が山を下り森を抜けるまで加奈さんは、ただただ無言で耐えた。


漸く街へ降りてきた。

その間、車内での森の匂いは大分薄れたように思えた。

疲れを取るために足湯に寄ったのに、何だか想定外の疲れを背負い込んでしまった。

そうぼやきながら、マンションのドアを開ける。そして――。

「――やっちまった」

ドアを開けた瞬間、そう思った。

部屋に、それがいた。

一言で言うと、〈苔生した子供〉である。

概ね三歳児くらいの大きさ。

具体的には形容し難いが、一見すると着物と言えなくもないような緑色の何かバサバサしたものを身に着けている。

そして、猛烈に森臭い。

〈これかあ……〉

森を抜けるときに感じたあの森臭さの源は、どうやらこれであったらしい。

頭の辺りに目がある。それはまん丸に見開かれており、若干俯き加減。

半開きの口元から、透明な液体が糸を引きながら滴っている。涎《よだれ》であろう。

どこか呆然としている。

苔生した子供、と評したが、しかしこれは人ではない。

絶対に人ではない。

鍵を掛けてあったマンションの中にいつの間にか侵入して、森の匂いを撒き散らす人間がいてたまるか。

では死体か。

死霊の類を連れ帰ってしまったか。
言葉が続かず、動転した。
動転しているうちに、それは不意と消えた。
それが姿を消すと、立ちこめていた濃密な森の匂いも消えた。

夜半、寝床に潜り込んだ加奈さんは悶々としていた。
何か拾って帰ったようだが、それが一過性なのかそうでないのか。
気のせい、目の錯覚、白日夢、その手のものであればいいのだが。
悩みのせいか眠気が訪れずに困っていると、ダイニングのほうから足音が聞こえた。
――ひた……ひた……ひた……ひた……ひた……ひた……ひた……。
辺りを窺《うかが》うようにゆっくり歩く。
履き物を履いていない、裸足の足音であるように思える。
空き巣だったらどうしよう。泥棒だったらどうしよう。
むしろ、空き巣か泥棒のほうが安心できる気がした。
鉢合わせたら驚いて逃げてくれまいか。
とにかく寝たふりをする。

足音は続く。

――ひた……ひた……ひた……ひた……ひた……ひた……ひた……ひた……。

それは、加奈さんが寝ている寝室内も歩き回っているようである。

かと思うと、再びダイニングの辺りに出たりもしている。

ダイニングと寝室の間には間仕切りとして引き戸がある。

部屋を出入りするのに引き戸を開ける音は聞こえない。

残念。空き巣じゃない。

思いきって目を開けた。

足音のするほうを振り返るが、何もいない。

濃密な森の匂いが立ちこめていたが、それもスッと消えた。

その翌晩も、室内を歩く足音が聞こえた。

そしてやはり森の匂いがする。

それを確かめないまま居座られるのもまた怖かった。

今夜は寝たふりをせず、足音のするほうを窺った。

案の定、苔生した子供のような、緑のバサバサした何か、である。

だが、初日に見かけたそれとはどうも様子が違っている。

当初は三歳児程度に見えたはずだが、今見ると身長は三十センチ足らずになっている。

まん丸に見開かれていた目は、横に細長く変わっている。

身に付けているのは……やはり緑色のバサバサしたもの。

着物なのかとも思ったが、衣服の形を採ってはいない。

近いものは何かと言えば、ムックかモリゾーである。

確かに当初は子供に見えていたのだが、今見るとそれは老人のような老熟した雰囲気に変わっている。イメージとして一番近いものは、アルプスの少女ハイジのオンジであるという。

それでも、当初の〈苔生した子供〉の姿よりは、大分ポップで馴染みやすい。

苔生した子供の姿よりは、こちらのほうが可愛いのでは、とも思う。

人の成れ果てかと言われたら……たぶん違う。

人ではない。うん、人じゃない。

強いて例えるなら、「神々しくない神様、或いは精霊」といった具合だろうか。

何と呼べばいいものかは分からないが、森の人は毎夜、森の匂いとともに顕現した。

夜になるとその気配が濃厚になり、現れる。

森の人がいる間は、マンションに……というか、加奈さんの鼻腔限定で森の匂いが強まるのである。

そして、それは横たわっている加奈さんの四肢に触れた。

触れた部分を強く押してくる。

加奈さんは、自分が何故触られているのかも分からず、ただただされるがままになっているしかなかった。

得体の知れないものに身を委ねている訳だから、恐怖心がまず先に立った。

だがある夜、森の人が強い意志を示した。

〈おまえは自分の所の者だ〉

主を持った覚えはないが、加奈さんについて〈配下にある〉と表明してきたのである。

〈であるからには、治してやらねば仕方がない〉

加奈さんは山形出身であり、蔵王をこよなく愛する。

蔵王に所縁があるらしき森の人は、加奈さんを自分の眷属《けんぞく》と看做したということらしい。

森の人は加奈さんの四肢を押して一頻《ひとしき》り施術を行った後、いつの間にかいなくなっていた。

それが立ち去ると、あの濃厚な森の匂いも消え去っていた。

森の匂いとともに現れる〈森の人〉と出くわしてから、加奈さんはそういったものとの遭遇率が増した。というか、感が強くなった。

やたら周囲が〈もわもわ〉する。

人ではない何かが常に〈ざわざわ〉しているような気もする。

「勘、じゃないんです。感です。感じが強くなった、というか」

例えば深夜。

コンビニを目指して車を走らせていたとき、道端に立っていた人を「おっと」と避けた。

避けてから、〈今の、人じゃなかった〉と気付く。

全体にぼんやりと白く発光しているのである。

普通の人は光らない。故に普通の人じゃないか、そもそも人じゃない。

その帰り、今度は車内がぼんやり発光している。

というか、自分の車の後部座席に見知らぬ誰かが乗っている。

ねえ、ちょっと。タクシーじゃないんですよ。

加奈さんは、元々視えるクチであったことは確かであるが、以前は「視よう」と意識しなければ見えなかった。

今はさほど意識せずとも、視界の隅どころか加奈さんの視界のど真ん中に、人じゃない何かが堂々と入り込んでくるようになってしまった。

どちらかと言えば迷惑な話である。

それでも現在、加奈さんの体調はすこぶるいい。

むしろ、森の人と遭遇する以前よりずっといい。

だから、あれはいいものだった、と思うことにしている。

癒やしと開眼

加奈さんは、元々身体が弱かった。

少し身体を動かすだけで眩暈《めまい》を感じたり、熱を出す。

原因の分からない頭痛に苛まれて、授業は殆ど頭に入ってこない。

登校拒否をしている訳ではないし、授業が嫌な訳でもない。

学校に出てくるところまではできる。

が、身体を起こして背を伸ばし、教室で授業を受けようとするとなるともうダメだった。

授業が始まってさほど経たないうちに、ただただ苦しみに耐えるだけの置物になってしまい、様子を案じた教師から「保健室に行け」と命じられる。

そのうち、言われる前から保健室に登校するようになった。

これらは自律神経失調症が疑われたが、それを即座に快癒する治療法がある訳でなく、高校時代は専ら保健室登校ばかりであまり教室にはいなかった、という。


養護教諭がいてもいなくても、加奈さんがすることは変わりなかった。

保健室のベッドに横たわり、鈍く疼《うず》く嵐のような痛み、視界の揺らめきが収まり、熱が鎮まるのをひたすら待つ。

夜は普通に眠れているから、横になったところで早々眠気が来るものでもなく、さりとて身体を起こして授業を受けるのもままならないとなると、正直時間は持て余し気味になった。

寝返りを繰り返し、教科書を少し捲《めく》ってみたりした。

そのうち、身体が動かなくなった。

眠い訳ではなく、身体が痛い訳でもない。

手足が攣《つ》るように全身が攣ったのかとも思ったが、痛みはない。

ただただ、動けないのである。

仰向けになり、手足をピクリともさせられないまま呆けていると、頭上から加奈さんを覗き込む者があった。

それは、剃髪されたと思しき禿頭であった。

僧侶、であろうか。

僧侶は両の目を薄く開いて加奈さんを見下ろしている。

「なっ」

このとき、加奈さんは咄嗟に経を唱えた。

幸いにして、祖母から仕込まれた真言の習いがある。

「のっ……のうまく、さんまんだ、ばざらだん、かん！」

祖母は言っていた。

〈――滅多なときに唱えてはいけないが、これは絶対に効能があるお不動さんのありがたい真言だから、本当に困ったときは唱えなさい〉

今この状況が、正に本当に困ったときなのではないか。

そう思って、迷わずそれを唱えた。

が、効能はなかった。

「バカモンが！」

僧侶に一喝されたのである。

「おまえを助けるために来たのだろうがッ！」

頭が割れるほどの大声で叱られた。

というより、頭の中に直接、僧侶の説教が響き渡った。

「ひっ、すみません！」

反射的に謝ってしまった。

僧侶は加奈さんを叱り飛ばしはしたものの、機嫌を損ねた様子も、愛想を尽かした様子もないようだった。

代わりに、僧侶は手足を伸ばしてきた。

加奈さんの右腕、その掌に僧侶の左掌が重ねられる。

加奈さんの左腕、その掌に僧侶の右掌が重ねられる。

香奈さんの右足、その足裏に僧侶の左足が載せられる。

香奈さんの左足、その足裏に僧侶の右足が載せられる。

僧侶は仰向けに横たわる加奈さんと相対し、その手足の上に僧侶自身の手足を被せている形になるのだが、その姿勢は説明し難いものだった。

覆い被さっているかというと、そうではないのだという。

僧侶の手足はまるで蜘蛛《くも》のように細長く伸びていた。

加奈さんの手足それぞれに触れているのだが、面ではなく点で触れている。

重さはまるで感じられない。

軽やかに手足を触られている——というより、マッサージのような、指圧のツボ押しのような心地だった。痛いけれども気持ちがいい、という形容が最も近い。

心地よさに身を委ねているうちに、滔々《とうとう》と意識が蕩《とろ》けていきそのまま眠ってしまった。

目覚めたとき、僧侶の姿はどこにもなかった。

思えば妙な僧侶だった。
細い両の目。
その眉間の上辺りに、第三の目があった。
三ツ目である。
あの三ツ目は何者なのか。
加奈さんの身体に何事か施していったようだが、実際あれから調子はいい。
ということは、不可解ではあっても不愉快ではない者ということだろうか。
実際、対抗しようとしたら叱られていたし。
などと考えていたある日のこと。
加奈さんは自分の額にむず痒さを感じた。
風が当たったか。それとも虫でも止まっているのか。
掌で額を払ってみても具合が変わらない。
何だろう？　と、鏡を覗いてみて言葉を失った。
自分の額に、目があった。

あの僧侶と同じもの、であろうか。

これは、ええと、どうしよう。

誰かに相談すべきか。誰に。何と言って相談するのか。

いや、そもそもこの目は他人にも見えているのか。自分にだけ見えているのか。

とにかく人には知られてはならない、と動転した。

暫《しばら》くの間、額を隠し気味に過ごしてみたが、誰もそれに気付いた様子はなかった。

加奈さんは、血筋なのか何の連なりなのか、〈そういうもの〉が視えることがしばしばある。

そういえば、こういったものを「見よう」と覚悟して見るとき、意識を額に集中させる。

すると、頭の中に現れたスクリーンに何かが混入してくるような形で、視える。

それは自分の目で見たものとは明らかに違う。

角度、視点もさることながら、場所も時間も違っていたりもするから、本来の両目で見えないものが、第三の目を通じて見えるのではないか。

見えるというより、第三の目を通じてねじ込まれたものが映り込んでいるのでは、と。

それが加奈さんなりの理解である。

不動明王の真言を唱えて叱られた件と一面三目で手足が長かった件を鑑みると、件の僧侶は軍荼利《ぐんだり》明王か愛染《あいぜん》明王と何か所縁があるのでは、とも考えられる。

何やらやたらと護られている風である加奈さんにもまた、いずれか明王との所縁があるのではという気もしてくるのだが、それを断じるにはまだ少し情報が心許ない。

癒やしを与えるために何者かが降臨する程度には彼女が慈しまれていることは、ここまでの幾つかのエピソードからも窺い知ることができる。

なるほど、これがリアル加護持ちか、と唸らされる次第である。

団地

これは高島平の話である、と聞いた。

かなり詳細に伺ったのだが、体験者の個人特定を避けるために一部を曖昧にせざるを得ないことについて、初めに御承諾いただきたい。


昭和四十年代初頭、辻村さん一家に転機が訪れた。

一家の大黒柱である辻村さんのお父さんが、失業に見舞われたのである。

ただ運良くというか、お父さんは程なく再就職の機会を得ることができた。

「給料がよくて、社宅にも入れてくれるっていうんだ。願ってもない話だよ」

当時辻村さんはまだ三歳足らずで、このときに一家に何が起きたのかについてはあまり詳しく覚えていない。もっとも、年齢としてはそろそろ物心が付こうかという頃合いであったので、彼女の幼い頃の記憶は新しい住まいに移った頃から始まっている。

お父さんの新しい仕事は、地方公務員である。

より具体的には、清掃工場の職員となった。

その頃の東京は、ゴミ戦争と呼ばれるほどに苛烈なゴミ問題が発生していた。

太平洋戦争が終わったのが昭和二十年。

焼け跡から復興して再び人々が首都東京に戻り始め、高度成長期の足音が響いてきた昭和三十年代。

戦争中とその後の時代は、欠乏の時代だった。

欠乏の時代を超えて豊かになるということは、戦中を経験した当時の人々にとって飽食と消費を意味した。

人が増え、消費が増えるとその残滓《ざんし》の量も増える。

そこで持ち上がってきたのがゴミ問題である。

高度成長期に突入した当時の東京にとって、ゴミ処理問題は急務だった。

都内特別区にゴミ処理を行う清掃工場が建設される運びとなった。

新たな人口集積地として団地群の形成が進んでいた板橋区志村西台町に造られたのが、板橋清掃工場である。板橋清掃工場は何度か建て替えられているが、ここで触れられている清掃工場はその初代に当たるものだ。

既に完成、稼働開始から数年過ぎていたが、工場は尚、最新の処理施設であると同時に、多くの職員を求めていた。

決して楽な仕事ではない。脱落者やその再補充なども少なくはなかったのだろう。

辻村家のお父さんの再就職は、そんな好機と契機、景気のタイミングに恵まれた。


辻村家同様清掃工場への勤務が決まった幾つかの家族とともに、工場が回してくれたマイクロバスでこの新天地に引っ越してきた。

「すごいね！　大きいね！」

バスに揺られての引っ越しに、酷く興奮した。

辻村さんがこの社宅に越してきたときマイクロバスの車窓から見えた風景は、彼女が覚えている記憶の中で恐らく最も古い記憶である。

広がる団地群の先にある大きな清掃工場。

その清掃工場の隣の敷地に社宅があった。

五階建ての団地である。

当時の団地にはエレベーターなどというものはなくて、一階から最上階までひたすら階段を上り下りしなければならなかった。

それでも高層階からの眺めはなかなかのもので、開発の進む近隣を一望できた。

各階には、階段を挟んで二軒の部屋が玄関を向け合う造りになっていた。

一階から最上階まで、一つの階段に十軒が繋がっている。

そうした階段が三つあり、一棟辺りで三十戸。

社宅は二棟あるので、この団地には合計六十戸が入居可能だった。

辻村家は、二号館の一室を新居として得ることになった。


「じゃあ、行ってくる」

そう言ってお父さんは毎朝定時に出掛けていく。

社宅は職場の隣の敷地であるので、通勤は徒歩。朝、慌ただしく出ていくこともなかったし、シフトが定時に終わるため残業もなく帰ってくる。

公務員であることに加え、都市が発展していく過程で飛躍的に増えていくゴミ処理の仕事は途切れることがなかった。このため、収入も暮らしも安定していた。

故に、お父さんの仕事も辻村家の社宅での暮らしも、順風満帆であった。

辻村さんと歳の近い友達もでき、団地やその敷地の周辺が子供達の遊び場になった。

皆、清掃工場の職員とその家族であるので、子供立ちだけでなく社宅内の隣人付き合いも、いずれも良好だった。

入居から数カ月が経ち、辻村さん一家が暮らしに慣れ始めてきた頃のこと。

日勤を終えて帰宅したお父さんを出迎えたお母さんは、お父さんの上着と洗濯物を受け取りながら言う。

「一階の八木さん知ってるわよね」

「ああ。今、具合悪くして入院してるんだよな。人手も余ってる訳じゃないから、あの人には早く良くなって復帰してもらいたいんだが」

「それがね、亡くなったんですって。ついさっき」

「えっ。ほんとか」

会社にいた時分にはそんな連絡はなかったから、本当にたった今の話なのだろう。何しろ、携帯電話もネットもメールもない時代である。

経緯は詳しくは分からなかったが、病死であることは確からしい。

となれば、お悔やみに向かうだけでなく通夜や法事に人手も出さねばならないだろう。

夕餉の時間は慌ただしいものになり、両親は支度を調えて階下に降りていった。

「三階の臼井さんの奥さん、やっぱりダメだったんだって」

翌年のことだった。

長患いだったらしい、ということは漏れ聞いていた。

だが、病に命を散らすにはまだまだ若かったはずだ。

気の毒としか言いようがないが、病ならば仕方がない。

両親は気落ちする臼井さんの旦那さんにお悔やみを、と出掛けていった。

さほど年寄りでもないのに病気で死んでしまうなんて、何て不運なんだ。

その頃くらいまでは、そう思っていた。

が、二年連続では収まらなかった。

「吉川さんの奥さんも亡くなったそうよ。癌だとか」

「輿水さんの奥さんも亡くなったって。心不全だとか」

誰かが死んだ、という報せは続いた。

病因はバラバラではあったが、これで病死が四人である。

ただしこれは、辻村家と近しく両親や辻村さんのいずれかが付き合いがあって、名前をよく知っている家から出た死人に限られる。

噂に上った、回覧板で知らされた、直接の深い付き合いはない誰かの死は、もう少し多かった。

それぞれの死に関連性は特に見出せない。あるとしたら、この社宅に住んでいる誰か、ということくらいだろうか。

そのうち、工場で事故が起きた。

清掃工場は決して危険がない訳ではない。

可燃ゴミを処理し、焼却処分するのが当時の清掃工場の主な仕事である。

当然、火の扱いには細心の注意が払われている。職員一同、安全に努めてはいるが、それでも不慮の事故は起きる。

このときは火災であった。

初期消火は間に合わず、みるみるうちに火の手が広がった。

大きな延焼は免れたものの、重傷者が出た。

「萩原！　萩原！　しっかりしろ、萩原！」

同僚達が大声でその名を呼ぶが、呼ばれた萩原さんの返答はない。

作業着が溶けた皮膚に張りつき、露出した皮膚は黒ずんでいる。

大火傷を負っていて、呼吸があるかどうか、心拍があるのかどうかも怪しい。身体を胎児のように折り曲げたその真っ黒い塊は、焼死体以外の何物にも見えなかった。

それでも、救急隊員がその場で生死の判断を下すことはない。

「心肺停止状態の患者を搬送——！」

無線にそう叫ぶ声を残して、救急車のサイレンが工場から遠ざかっていった。

小一時間もしないうち、搬送先の病因から「死亡を確認した」という、一縷《いちる》の望みを打ち砕く連絡があった。

死因は事故死、となる。

萩原さんも辻村さん達と同じ社宅の住人だった。


社宅は清掃工場の敷地の隣にあったが、社宅の前の道を挟んで大きな空き地があった。広さは学校の校庭くらいもある。

周辺の空き地には次々に団地が建設されていったが、この空き地は鉄筋や各種の配管など建設資材が積み上げられてあるだけの資材置き場として使われていたようだ。

空き地に土管とくれば、子供達にとって格好の秘密基地になりそうな場所である。

さすがに遊び半分で潜り込んでいいような場所ではないので、学校や空き地を管理する会社などから、〈危ないので子供を近付けないで下さい〉とお達しがあった。

親達も子供にきつく注意をしてはいたものの、大人の注意啓発など耳を貸さないのが子供というものだ。

勝手に潜り込む子供に万一のことがあってはいけない、と、空き地と道路の間に溝が掘られた。溝、側溝というよりは、ちょっとした空堀に近い。

それが根本解決になったかどうかはさておき、子供では到底飛びこえられない高い柵と深い堀であったので、そこに挑戦した子供はいなかったようだ。

だが、挑戦した大人はいたらしい。

「一号館の大津さん、見つかったってよ」

前夜、居酒屋を出た後から消息が分からなくなっていた社宅の住人である。

大津さんは酔って空き地の溝に転落したらしく、溝の中で息絶えていた。

落下の瞬間を目撃した者はいなかったが、落下音を聞いた者はいた。

ばすーん。

かなりの大音響だったそうだが、まさか落ちたのが人間だとは思いもしなかったので、翌朝まで誰も確かめなかった。

痛ましい事故である。


より悲惨なケースもあった。

社宅住まいで奥さんを病気で亡くした御主人が、悲嘆に暮れた日々から漸く立ち直り、後添えを貰った。

「再婚したので、これからまた頑張って生きていきます」

後妻を社宅の住人達に紹介するに当たって、そんな挨拶をしていった。

笑顔の可愛い若い後妻さんは、社宅に入居してさほど間を置かずに亡くなった。死因が何であったかは、もう覚えていない。

これとは別に、奥さんと二人の子供を残して自ら荒川に身を投げた人もいた。

繰り返しになるが、これは全てではなく辻村さんが名前を知っている人、或いは思い出せる事例に過ぎない。実際にはこれより遙かに多くの社宅住人が亡くなっている。

三歳で引っ越してきた辻村さんが大学生になるくらいまで、年数で言うと十五年以上も延々人死には続いた。

顔見知り或いは同じ団地に住む近しい隣人が、これほど頻繁に亡くなるのは通常のことなのか、それとも異常なことなのか。

この社宅以外の暮らしをよく知らず、この団地に来る以前の記憶もあまり残っていない辻村さんには、この時点では判断が付きかねた。だが、見知った知り合いだけでも年に一人か二人はいなくなるのは、すっかりこの社宅での定番になっていた。

社宅の敷地内に〈集会所〉と呼ばれる建物があった。

謂わば公民館である。

社宅の町内会の会合や、子供会の集まりなどイベントに使われていた。

集会所の使用用途は本来は慶事には限らないが、この社宅では住民があまりにも頻繁に亡くなるため、通夜や葬儀で使われることが圧倒的に多かった。

当時は今で言う火葬場併設のセレモニーホールのようなものはあまり広まっておらず、地域住民の忌事法事は専らこうした集会所が当てられるのが一般的だった。

頻繁に誰かしら亡くなる社宅ではあったたし、それが日常になってはいたものの、辻村さんがそれに慣れるということはなかった。

集会所の近くを通りがかると、線香の匂いとともに遺族の泣き叫ぶ声、嗚咽《おえつ》、そんなものが漏れ聞こえてくる。

死は誰にでもいつか訪れるものであるし、思いがけない形で幕切れとなるものかもしれない。だが、死ぬにはまだ早い年頃であったり、一家の大黒柱が突然事切れてしまうとなれば、〈何故〉〈どうして〉と恨むより他に言葉がない。

それも分かる。分かるけれども、学校から帰ってきたところでそうした号泣する遺族に鉢合わせてしまうと、何とも居たたまれなかった。

当時、辻村さんはピアノを習っていた。

だが、こうした社宅内での不幸が続くと、ピアノの練習をさせてもらえなくなった。

ピアノの練習曲は厳かなものばかりではない。

明るい曲調のものもある。また、習い始めの子供がバイエルを躓《つまず》かずに流暢に爪弾ける訳でもない。

「だって、家族を亡くして気落ちしている人がいるのに……不謹慎でしょう」

お母さんがそう言って窘めるので、少なくとも初七日が過ぎるまでは、と練習を休むことになる。

だが、ピアノなど一日でも休めば腕が鈍るような楽器であるので、一週間も間を空ければ確実に鈍る。

事情を知らないピアノの先生からは「何故練習してこないのですか」と叱られてしまう。

音を外に漏らさない電子ピアノなどない時代であるので、何よりこれは堪えた。

三階の鶴野さんの御主人が亡くなったときは大変だった。

鶴野さんは、夜半に突然倒れてあっという間に亡くなってしまった。脳梗塞か何かだったのでは、と思われた。

鶴野さんの息子さんが辻村さんと同じクラスだったのだが、辻村さんは同級生のお父さんが亡くなったことを、朝一番に学校に知らせに行かねばならなかった。

このとき当の息子さんは盲腸で入院中だったが、鶴野家の跡取りを父親の通夜葬式に参加させるため、病院から連れ出さねばならない。その送迎は同僚である辻村さんのお父さんが担った。

「困ったときはお互い様だから」

通夜や葬儀など人手が足りなくなれば、近隣の住人は総出でそれを手伝った。

社宅の住人達は、ある意味、葬儀慣れしてしまっていたのかもしれない。

或いは明日は我が身かもしれない、という気持ちが心のどこかにあったのかもしれない。

脈絡なく人が死に続け、人が減り続ける。

それは決して日常でも通常でも平常でもない。

ないのだが、そのことに渦中にいる人間は気付けない。

この団地は清掃工場の社宅である。

住民は公務員として働く人々、及びその家族である。

民間のそれと比べて比較的安い家賃も、公務員の福利厚生の一環である。

工場の働き手、一家の大黒柱を亡くした家族は、その恩恵を得ることはできない。つまり、社宅を出ていかなければならない。

こうして少しずつ退居していった。

それは一度に起きた訳ではなく、入居者は本当に少しずつ減った。

もちろん、中にはマイホームを購入してめでたく引っ越していった一家もいた。

それは本当に喜ばしいことなのだが、病死事故死で大黒柱を失って去った家族のいた部屋も、マイホームを得て社宅を卒業した家族のいた部屋も、何故か新しい入居はあまりなかったようで、社宅は少しずつ空室が目立つようになっていった。

当時の団地は外廊下というものがなかったようで、一階の階段入り口から最上階まで続く階段にそれぞれ各戸の玄関が接している、という構造になっていた。辻村さん宅と同じ階段に玄関を接する住人は当初十軒ほどあったのだが、残ったのは辻村家を含めて四軒だけになってしまった。

「どなたかいらっしゃいませんか」

何も知らずに訪ねてきたセールスマンが、〈ここまで、どなたも御在宅ではなかったものでした〉と汗を拭う。専業主婦の多いファミリー世帯ばかりが住む団地だと思ってやってきたものの、一階から順番にドアを叩いても誰も出なかったらしい。

「いやあ、何とも運が悪いというか、間が悪いというか。あの……この団地、誰も住んでないんですか？」

「そうでもないんですが、まあそうですね。確かに空き家が多いかも」

「そうですか。ハハハ。じゃあ、この上に期待したいところですね」

「あっ。行かないほうがいいですよ。この上、五階は誰も住んでいませんから」

そうですか、ハハハ……とセールスマンは渇いた笑いを残して階段を下りていった。


ある年、町内会の婦人部の会長さんが交替した。

前会長だった時田さんの御主人が亡くなり、時田家は社宅を退居することになったのだ。

後任の会長は山路さんという方。彼女は明るく社交的で、誰とでも分け隔てなくフランクに接する好人物であった。社宅のうち沈んだ雰囲気を少しでも明るくしようと、何かと色々な催しものを考えてくる。

ただ、気分を変えるといった励起策が社宅の雰囲気を改善させたかと言われれば、相変わらずぽつりぽつりと誰かが死に、そのたびに一家族が丸ごと削げ落ちて消えていくのは変わらなかった。

この十数年の間、皆薄々思っていた。思ってはいたが、誰も表だって言葉にはしてこなかったことについて、山路新会長は遂に口火を切った。

「この社宅はおかしいのよ」

その主張を聞いて多くは賛同した。

そしてまた多くは、共感はするがそれは口にしてはいけないことなのではないか――そう怯えた。

しかし、山路会長は引かなかった。

「うちも結構古株だと思うけど、この十何年間で一体何人の住人が死んだか。幾ら何でもおかしいと思う。だから、一度お祓いをしてもらいましょうよ」

これについて、住人の間には〈何を言い出すのか〉という驚きと、〈やはりそれしかないのか〉という諦観、そして期待とがあった。

皆が皆、お祓いの効果を期待していた訳ではないのだろうが、もはや縋れるものなら何にでも縋っておきたい。そういう心理からなのか、山路会長の提案に反対する者は多くなかった。

山路会長がどういう伝手を辿ったのかは分からないが、彼女の幅広い交友関係の中からお祓いをしてくれる人物を探し出した。

霊能者だか霊媒師だか占い師だか、そこのところはよく分からない。〈お祓い師〉として
てなかなか凄い実績がある人物だ、という触れ込みだった。

お祓い師は、山路会長他、数人の住人とともに社宅を見て回った。

社宅を形成する二棟の団地。

身内から死者を出して退居した家族が住んでいた部屋。

社宅の敷地とその周辺。

案内された場所を見るたび、お祓い師は〈ふむふむ。うーむ。うんうん〉と独り言《ご》ちた。

時折何やら唱え、印を切る身振り手振りをしたが、同行者に特に説明はなかった。

一通り見て回った後、お祓い師は言った。

「この土地、ここには元々、コウジンサマが祀られていたはずです」

コウジンサマとは、〈荒神様〉であろうか。

日本古来のそれだとすれば、竈神とも火の神とも呼ばれる荒ぶる神のことだろうか。

しかし、社宅の住人達は土地の前歴など知る由もない。

皆、元々この土地の出身者ではなく、辻村さんのお父さんがそうであったように仕事にあぶれて転職したり、それぞれ様々な事由でこの土地に引っ越してきた者ばかりである。

まして、この社宅が完成した後に入居したのだ。元の土地のことなど計り知る機会その

ものがない。

「ええ、ええ。あなた方はそれを知る機会がなかった。それは仕方のないことだと思います。思いますが——そんなことは荒神様には関係がない。祀られていた荒神様をすり潰して土地を更地にしてしまわれた。この二棟の団地は、埋もれてしまった荒神様の上に建てられているのです」

こうした用地が行政に収用されるとき。元の土地は二束三文でも買い手が付かない条件の悪い土地であったり、或いは曰くが付いていたりすることがある。

個人同士の売買なら験を担いで気にする買い手もいたかもしれないが、お役所がそうした迷信をいちいち気にしようはずがない。

荒神様がどのような形で祀られていたかに関する資料も残されてはいない。

石碑か、祠か、それとも何らかの分かりにくい目印のようなものだったか。

その全てが分からない。

だのに、いやだからこそ、か。その荒神様が祟っている、ということか。

「荒神様は荒ぶる神であり、祟る神ですよ。ここで亡くなられた方々は、荒神様の祟り……とでも言いますか、荒ぶる神の障りに触れたということだと思います。これまでお一人お二人ではなく、十や二十では足りないほど亡くなられているのでしょう？　それほど

俄には信じ難い話であったし、もしこの社宅にこれまで何事も起きていなかったならば、お祓い師の話など皆が鼻で笑って終わっていただろう。

だが幾年にも及ぶ間、人が死に続けてきたことを社宅の人々は知っている。

故に、顔を見合わせつつもお祓い師に抗弁する術を持つ者はいなかった。

「それで、あのう。私達はどうすればいいんでしょうか」

山路会長が恐る恐る訊ねる。

何か特別な準備やら供え物やらを用意せねばならないか。

護摩壇やら住人の臨席などが必要か。

費用が大きく掛かるようなら、町内会の稟議《りんぎ》にも掛けねばなるまい。

お祓い師は言った。

「お祓いはもう終わりましたので、それは大丈夫ですよ」

ここを見て回っていた間に、必要なことは済ませておいたから、と。

何とも呆気ない。

もっと荘厳な儀式などが必要なのかと身構えていたが、そういう心配はなさそうだった。

「それじゃ、もう心配はないと。あの、荒神様のお怒りは収まった、ということでよろしいんでしょうか」

「うーん、まあ大体そうです」

会長の問いに、お祓い師は若干言い淀んだ。

「今後、この土地で人が亡くなることはない。ないんですが、ただあともう一人だけ死者が出ると思います。その方が最後です。これはどうにもならない。ですので、それについては諦めていただくしかありませんが、その後はもう鎮まると思います」

同行者がどよめく。

しかし、山路会長はそれを制した。

「なるほど、分かりました。あと一人で済むんですね」

だったら、もうそれは諦めるしかない。

冷たいようだが、最後の一人を荒神様の最後の供物として捧げて、矛を収めてもらうより他にないではないか。

このお祓いの実効性や真偽について住人達の間でも意見は分かれたが、連綿と続いた住人の死について一応の区切りが見えてきたことに、皆一縷の望みを託した。

とにかく、あと一人だ。

暫く後のこと。

山路会長の御主人が、自動車事故に遭った。

即死だったらしい、と聞いた。

大黒柱を失った山路一家は、社宅から去っていった。

この後くらいの時期に、例の空き地に工事が入ることになっていた。

重機が入れられ、基礎を打つべく土地の整地が行われる予定でいたのだが、その工事は急遽中止になった。

詳細はよく分からないのだが、〈何かが出土した〉と専らの噂になった。

工事中止を知らせる告知看板には「貴重品の出土に伴う学術調査のため、暫くの間、工事を中断します」とある。

何が出たのかについて確かめる術はない。

ゴミを燃やす火とゴミを片付ける箒《ほうき》。清掃工場の役割と荒神様の象徴には、どこか繋がりがあったようにも感じられる。出土品を確かめることができれば、とは思ったが、出土した〈何か〉の行方については調べが付かなかった。

「そういえば、山路さんの旦那さんが亡くなって随分経つけど、あれ以来、今年は誰も亡くなってないね」

母が思い出したように言うまで気付かなかった。

確かにこのところ集会所から線香の匂いが漂ってくることもない。

遡ってみると、山路会長の御主人の死と工事に伴って何かが発掘された後くらいから、誰も死んでいない。

あのお祓い師の言葉は正しかったのだ。


辻村さんは二十五歳のときに独り暮らしを始めるために、この社宅を出た。

その二年後、辻村さんのお父さんが定年を迎えて退職。

「退職したんだから、もうここに居座っている訳にもいかんわな」

と、両親共々引っ越した。

辻村家は全員が生きて社宅から出ることができた。

運が良かった、と思う。

現在の板橋清掃工場は、東京の人口増加とそれに伴うゴミ処理需要の増大、そして技術革新を踏まえて造られた三代目の最新工場で、二〇〇二年に完成稼働している。

当時の面影は今はもうどこにもない。

占いと猫

大阪万博が終わって少し経った頃のこと。

当時、小学六年生の大野さんはトランプ占いに凝っていた。

山から一枚引いて占うとか、花札のようにカードを振り分けて占うとか、質問に対してイエスとノーだけを当てるとか、小学生の女の子らしいおまじないに近い可愛らしいものが殆どであった。

だが、そのレパートリーの中に〈絶対にやってはいけない占い〉というものがあった。

欧州を古くから旅する流浪の民の間に伝わるもの、らしい。

その方法は彼らの間でも最高位の秘術であり用法を知ったとしても実際に行うのは厳禁であり、決して安易に行ってはならない、とされている。

安易に行うと何が起きるのかは分からないが、少なくない代償を払うことになる。ということ、らしい。

「らしい」というばかりの曖昧な警告ながら、大野さん自身〈そんな恐ろしい占い、決してやるものか〉と自ら戒めていた。

もっとも、その禁術の占い以外の方法でも大野さんの占いはそこそこ的中したので、迷いがあればカードに訊ねてみる、ということそのものは気軽に行っていた。


大野さんの親戚に、大学生になる従兄弟のお兄ちゃんがいた。

一人っ子の大野さんを何かと構ってくれる人で、〈ドライブ行こか〉と買ったばかりの車に乗せてくれたり、事ある毎に可愛がってくれた。

ある日、お兄ちゃんはいつもの車で乗り付けてきた。

「真奈美ちゃん、ドライブ行こか」

大野さんは家族に一言告げ、お兄ちゃんの車に乗り込んだ。

「お兄ちゃん、今日はどこ行かはるん？」

「あんなー、今日はお兄ちゃんの友達ん家、行ってもエエかな」

「ええけど、何で？」

お兄ちゃんは最初に停まった交差点で、信号を眺めながら言った。

「こないだ真奈美ちゃんに占いしてもろたやん？　で、その友達……カズヤっちゅうんやけどな、そいつに〈ようけ当たる〉て話したらな、自分も占ってほしいゆうてんけど、真奈美ちゃん、そいつのことも占いしたってくれるか」

信号が青に変わる。

「ええよ」

「さよか！　おおきに！　ホンマ、おおきに！　そいつ、めっちゃエエ奴やねん。真奈美ちゃんにも紹介したるわ」

お兄ちゃんは少しはしゃいで喜んだ。

自分の占いが誰かに当てにされて求められることが、少し誇らしかった。

車は大阪の自宅を出て南に向かって随分走った。

着いた先は奈良のとある町である。

車を降りたお兄ちゃんは、玄関先で声を張り上げた。

「おーい、おるか」

「おーう、何や。よう来たな。まあ、上がれ上がれ」

出てきたのは、青い褞袍《どてら》を羽織った若い男性だった。

「真奈美ちゃん、こいつがカズヤな」

カズヤさんは〈君が占いの子ォか〉とニカッと笑った。

小学生から見たら、大学生は大人である。そんな大人の男性の部屋など見たのは初めてだったので少し緊張した。

「まあまあ、そんな鯱《しゃっちょこ》張《ば》らんとな。せや、真奈美ちゃんはお菓子好きか。パンダの菓子とか食わんか」

飲み物と一緒に出された菓子を頬ばった大野さんが漸く和んできたところで、カズヤさんは本題を切り出した。

「でな。真奈美ちゃん、僕のこと占ってくれへん？」

「普通の占いでええの？」

カズヤさんは頭を振った。

「いや。こいつに聞いてんけど、特別なごっつよう当たる占いあるんやて？　それ僕にやってくれへんか」

普通の占いとは違う、特別な占い。

件の禁術の占いのことだ。以前、占いに凝っている、という話をした流れで、「恐ろしいほど当たる秘密の占いがある」ということを、お兄ちゃんに漏らしたことがあった。

カズヤさんが言っているのは、それのことだと思われた。

「え、でも……その占いは、絶対にやったらアカンやつやから……」

そう口籠もって曖昧に断ろうとした。

しかし、大学生二人は引かなかった。

「アカンことはよう分かってる。でも、どうしても頼みたいねや。この通り、頼む」

お兄ちゃんとカズヤさんは、文字通り伏して拝み倒した。

所詮小学生の手慰みだろうと侮る様子はなく、ひたすら真剣に懇願する。

面白半分興味本位なのかと思ったが、どうにも様子が違うことは大野さんにも伝わってきた。

結局、渋々ながら承諾した。

「じゃあ、もうホント内緒よ。一度しかせんよ？」

「ええんか！　もちろん、誰にも言わんし、一度でエエ。頼むワ！」

トランプはあるか、と問うと、カズヤさんは封を開けていない新品のトランプを持ち出してきた。

大野さんの占いがトランプを使うものだとお兄ちゃんから伝え聞いただけで、ここまで準備万端整えていたということは、余程必死なのだろう。

大野さんは新品のトランプを開封した。

予備の白いカードを抜いて後ろ手に背後に置き、残りをシャッフル。

それを並べて、カードを捲った。

占いはシンプルに、過去、現在、未来をそれぞれ占うというものだ。

記号と色と数字の組み合わせにそれぞれ意味が割り当てられている。それらの意味からニュアンスを読み取るという点では、少しタロットカードにも似ている。

過去のカードを捲る。

クラブの2。

「カズヤさん、昔こんなんやったんちゃう？」

現在のカードを捲る。

ハートの7。

「カズヤさん、最近こんなんあったんちゃう？」

開いたカードの出目を踏まえて、大野さんが直感に従って言う。

たったそれだけの拙《つたな》いものだったが、二人の大学生は「おお！」と目を剥いた。

「おいこれ、ホンマもんやないかい。全部当たってるワ。この子、何で僕のこと分かんねん」

「せやから言うてるやろ。真奈美ちゃんのンは当たる、て」

どうやらここまで、過去と現在については的中しているらしい。

二人の期待に満ちた目が、〈未来〉のカードに注がれているのが分かる。

「ほな、〈未来〉。行くで」

「頼む」

一呼吸置いて、大野さんはカードを捲った。

捲った瞬間、目の前が真っ暗になりかけた。

スペードのA。

「……ごめん、やり方間違えてもぅたから、やり直しするわ」

有無を言わせず、山と場を崩してカードをシャッフルした。

正しいやり方を彼ら二人は知らないので、大野さんが〈間違えた〉と言うからには、そうなのだろう、と素直に従った。

一度しかやらないと宣言はしていたが、「今のンはノーカンやから」と言って、大野さんは再びカードをディールした。

この禁術占いは、本来そう軽々とやっていいものではない。

そして、そもそも一度出た結果に対して、やり直しはより厳しく禁じられている。

しかし、大野さんにとって今の〈未来〉の結果は恐ろしすぎた。それが確定するのが嫌だったし、そのことをカズヤさんに告げる役を自分自身が担うのはもっと嫌だった。

だから、自ら禁術の禁忌を破ってやり直しを申し出た。

「ほなら、過去、現在はもうエエとして、未来。未来行くで」

「おう、来い」

カードを捲る。

スペードのA。

同じだった。

「……ごめん、また間違えた」

大野さんは再びカードをシャッフルした。今度は念入りに何度も何度も切り直す。

そして山を積み、〈未来〉を捲った。

スペードのA。

スペードのA。

スペードのA。

何度やり直しても、どれほど執拗《しつよう》にシャッフルしても、〈未来〉にはスペードのAしか出ない。

「……どないなってん、これ」

「知らん。分からん」

三人の間に気まずい空気が漂う。

一度目は偶然かもしれない。二度目も、無理すれば偶然と言えたかもしれない。

しかし、三度目、四度目、五度目……と続いたら、それはもう偶然と言い逃れることは難しい。

大野さんは結論を言い倦《あぐ》ねていた。

そのとき、玄関脇の黒電話が鳴った。まだスマホどころか、個人用の携帯電話など登場する遥か以前の話である。

「ああ、ちょっとごめん」

カズヤさんは立ち上がって部屋を出ていった。

その隙に、大野さんはささやかなズルをした。

スペードのAが出なければいいのである。

場に開かれたままのスペードのAをそっと抜き取り、お兄ちゃんにも気付かれないよう座布団の下に隠した。

そして、スペードのAがないカードをシャッフルした。

「おお、すまんすまん。何でもなかった」

戻ってきたカズヤさんに、大野さんは言った。

「カズヤさん、何度もごめん。でも最後にもう一度だけ、やらせてもてエエかな」

「おう。エエよ」

大野さんは強く念じた。もうスペードのAは入っていない。何でもいいから、少しでもいいカードが出ますように。

特定の思いを込めて、願って引くなど公正ではない。占いにあるまじき姿勢かもしれない。それでも、願わずにいられなかった。

「ほな、ホントのホントに最後の〈未来〉、行くで」

カードを捲る。

それは、白だった。

「何でやねん！」

思わず口を衝いて出た。

予備のカードである。

最初に抜き取って後ろに置いたはずだった。

自分が抜き取り、自分の背後に置き、カズヤさんもお兄ちゃんも誰も触れていない。

というより、この間、カードに触れていたのは大野さんただ一人である。

「何でやねん、何でやねん……」

繰り返し、消え入りそうに呟く大野さんを見かねてか、カズヤさんは言った。

「なあ、真奈美ちゃん。聞いてエエか？　正直に言うてな」

こくん、と頷く。

「ひょっとして、僕、死ぬて出てる？」

これ以上、ごまかすことは無理だ、と思った。

大野さんは再び、こくん、と頷いた。

この占いにおいて、スペードのAは〈死〉を表す。

それは暗喩ではない。抗いようのない、確実な死である。

そして、白いカードは〈無〉を表す。

それも暗喩ではない。未来は存在しない、ということを意味する。

カズヤさんは遠くない未来に、確実に死ぬ。

「……そっか。そっかあああ。うん、分かった。そっか」

カズヤさんは何度も頷くと、何故か晴れやかな笑顔でそれを受け止めた。

「うん、そうか。正直に言ってくれてありがとう。おおきに。真奈美ちゃん、嫌な思いさせてもうたなあ。ごめんな」

「何で、カズヤさんが謝るん」

……お礼言われるようなこと、していない。できていないのに。

大野さんは悔やんだが、カズヤさんは大野さんの小さな手を強く握って、小さな占い師に最上級の感謝を繰り返した。

「カズヤなあ、死んだんや」

暫くして、久々にやってきたお兄ちゃんは開口一番に告げた。

「真奈美ちゃんに占いしてもうたとき、あいつもう……末期の癌でな」

今でこそ、癌は治る病気の一つになった。或いは、余命を充実して過ごすために患者当人に告知することが当たり前になっている。

だが、半世紀近く前の癌はそうではない。末期まで発覚せず、癌と分かったときには大抵手の施しようがない死病だった。

故に、当人への告知はなかった。家族も医者も腫れ物に触るような扱いで、死病を疑う患者当人に聞かれても「そんなことはない」「癌ではない」とはぐらかされ、頑なに否定された。

「あいつも、薄々気付いてたと思うねん。せやから、何で誰も言うてくれんねや、って。苛々しとってな」

知らなかった。

大野さんは、そんなこと微塵も知らなかった。お兄ちゃんも教えてくれなかった。

二人のあの必死の懇願は、「違う未来」を望んでの渇望ではなかったんだろうか。

「せやし、真奈美ちゃんの占いが、〈おまえはもう死ぬんや。運命は動かへんねや〉って出たやろ。それであいつな、納得したちゅうか、スッキリしたんやて。真奈美ちゃんが、はっきり言ってくれて嬉しかった、て。ホントに嬉しかった、ちゅうて」

カズヤさんは、病院のベッドで動けなくなるまで繰り返し大野さんの占いに感謝していたそうで、最期に大野さんにプレゼントを用意してくれた。

「これな、カズヤから真奈美ちゃんに、て。パンダ好っきゃろ？　あいつの形見やと思て貰《もろ》てくれんか」

渡されたのは大きなパンダの写真パネルだった。


大野さんは、件の禁術占いを封印した。

この占いは二度としてはいけないと思った。

未来は絶対であり、変えることはできず、そこに干渉しようとしてもどうにもできない。

小学生が手を付けていい領分ではない。

そう思った。

そのはずだった。

が、夏休みも残すところ十日余り、盆を過ぎた頃になって、とある衝動が大野さんを駆り立てていた。

あの占いをしたい。

しなければいけない。

やってはいけないし、二度とやるつもりはない、と強く誓ったはずだった。

ところが今、理由もなくその禁を自ら破りたくて仕方ない。

そもそも、占いを望む者がいない。

占いたい事柄だってない。

目的もなしに秘術の占いを行うなど、もってのほかだ。

だが、淀みの中から天にも昇るような突き上げられるような衝動には勝てなかった。

だから、大野さんは自分を占った。

占い師が自分を占うことは、禁中の禁だったが、それすら耐えきれなかった。

カードをシャッフルし、山を積む。

過去は。

現在は。

順繰りにカードを捲る。

長くもない自分の人生を、カードによる振り返りでなぞらされる。
そして、未来。
これから起きること。
カードを捲る。
――スペードのAだった。
血の気が引いた。
こんなことはあってはならない。
カードを山に戻し、やり直した。
未来は、スペードのA。
未来は、スペードのA。
未来は、スペードのA。
何度やり直しても同じだった。
カズヤさんを占ったときと、まったく同じだった。
してはいけない占いをした報いは、自分の〈死〉。
報いを受け、代償を支払わねばならないときがきたのだ――そう悟った。
そのとき。

大野さんの傍らで寝息を立てていた愛猫が、突然目を覚ました。

――うううううううううううううう……。

黒ブチ鉢割れ猫のミーニャは、ベランダに向かって物凄い唸り声で威嚇を始めた。

窓の外には見る限り何もいない。

人も、或いは猫も。およそ形を為すものは、何も見えないし感じられない。

しかし、ミーニャは喉を震わせ「キシャーッ、キシャーッ」と強い擦過音を立てて警戒している。

ミーニャは、近所の子供に苛《いじ》められていたのを大野さんが保護した猫である。

その恩を感じていたのかどうかは分からないが、大野家に連れてこられてからは片時も大野さんの傍らを離れようとしなかった。

姿が見えないときでも呼べば鈴を鳴らしてやってきたし、散歩に出掛けようとするとリードもなしに大野さんの後を付いてくるような実に賢い猫だった。

そして温和で物静かな子であり、これまでに一度たりともこれほど強い情動を見せたことはなかった。

そのミーニャがこれまでにない激しさで、敵意を剥き出しにしていた。

それは長時間のようにも思えたが、実際にはもっと短い時間だったのかもしれない。

一頻り虚空を睨んだ後、ミーニャは大野さんの前まで歩み出るとそこに腰を下ろした。

そして、大恩ある小さな人間をただただジッと見つめた。

ミーニャはそれから、大野さんの傍を一時たりとも離れようとはしなかった。


翌朝、大野さんは祖母の叫び声で目を覚ました。

「真奈美！　起きて、真奈美！」

その頃、まだ存命だった祖母の酷く動転した声に驚いて身体を起こすと、その傍らにミーニャがいた。

いつもなら、寄り添ってにゃあんと鳴くミーニャは、しかしピクリとも動かなかった。

いつからそんなことになってしまったのか分からない。

が、ミーニャは大野さんに寄りそうようにして、亡くなっていた。

そこにいるのは、もはやミーニャの抜け殻だった。

「……あんた、何かやったやろ」

祖母に占いのことは一言も話していない。お兄ちゃんにも強く口止めをしてあった。

だが、祖母は何かに勘付いている様子だった。

「猫が死ぬいうんはな、滅多なこっちゃないんやで」

祖母はかつて、猫に命を拾われたことがあった。

その件については、『「極」怖い話 謝肉災』で紹介しているのでここでは詳細は割愛するが、祖母は猫の聡《さと》さに人一倍敏感だった。

自身の体験に鑑みて、前日までまったく健康だったよく懐いた家猫が、輩《ともがら》と決めた人間の隣で意味もなく死ぬはずがない。故に、何らかの原因が孫娘にある。

祖母はそう断定しているようだった。

「ウチはあんたが何をやったかはよう知らん。知らんけど、この子、あんたの身代わりで死んでくれはったんと違うか」

ほろほろと涙が出た。

祖母に叱られたから、ではない。

ミーニャが突然冷たくなる道理が分からない。

だって、悪いのは自分ではないか。

あの禁術の占いをカズヤさんにしたのは自分で、同じ人を何度も占う禁を破ったのは自分で、突き動かされて自分を占ったのは自分で、自分を何度も占う禁を破ったのは自分で。

何から何まで悪いのは自分。だのに、何故ミーニャが。

祖母には、大野さんが多くを語らずとも、伝わっているようだった。

「拾うた命やで。この子があんたの命を拾うてくれはったんやで。そのことだけは、絶対に、絶対に忘れたらアカン」

大野さんは、段々と硬くなっていくミーニャの亡骸を抱き、ただただ泣きじゃくるしかなかった。

「……一つ、不思議なことがあるんです」

大野さんは言葉を継ぐ。

「欧州の流浪の民の、禁術の占い。そういうアウトラインが分かっていて、占いのやり方もはっきり覚えています。それを使った顛末も何が起きたかだって、今も言える。何十年近くも前のことを、です。なのに、あの占いを私がいつどこで覚えたのか、それがまったく思い出せないんです」

何かの本で読んだのか。それとも誰かに聞いて教わったのか。それも思い出せない。

気付いたらできるようになっていた。

そして、気付いたらそれが禁術の占いだ、と分かるようにもなっていた。

それは、小学生の思い込みに過ぎなかったのか、それとも何もかもが仕組まれた悪意のようなものだったのか、どこかにその発端となるようなものがあったのか。

それすらも今は定かではない。

あれから数十年が過ぎた。

八月二十日は、ミーニャの命日である。

この日を忘れたことはこれまでの人生でただの一度もなく、あの禁術占いもあれ以来二度とやっていない。今度こそ、本当の本当に封印し続けている。

猫のお陰で拾われた大野さんの命は、今も紡がれている。

〆書き

まずは、怪談の旬の話をしましょう。

怪談の旬はいつか。人生の中で言えば「自分の強さや勇気を他人に見せつけたい」と思うとき、でしょうか。「俺は怖くなんかないぜ！」と強さを誇示するために、行かなくてもいい心霊スポットに行き読まなくてもいい怪談を読んで、自分の勇気を確かめ誇ったり。

では、世の中に広く怪談の需要が産まれるのはどういうときかな、って。

少なくない実話怪談作家の方々は、怪談と様々な向き合い方をされています。時に純粋な興味、時に学術的な記録として。「怪談なんて、日々の倦《う》みを晴らすための慰めとして楽しんでもらえればそれで十分だ」という捉え方もあります。

怪談は大抵、他人の不幸です。誰かが酷い目に遭う物語を読んで、溜飲を下げてスカっとしようってんですから、怪談作家も酷いし怪談読者もまた酷い。いや、我々も業が深い。

では、怪談を読んで溜飲を下げてスカっとしたいとき。それはどんなときでしょう。

それはやはり「自分の不幸」を自覚している人が「自分よりもっと不幸な人」を見たい、と思ったときかな、と。

「あれほど不幸な人がいるのだ。それに比べれば自分は遙かにマシだ」

不幸な人にはお気の毒な話ではありますが、そのように思うことができれば溜飲を下げた人の気持ちが多少なりとも救われる。

となると怪談が必要とされるのは、世の中が不幸なとき。つまり、正に今。

実際、オイルショックの頃には恐怖漫画や心霊番組が流行り、バブルが崩壊した後にはJホラーブームと実話怪談黎明期の勃興がありました。要するに、そういうことか。

今、コロナ禍は世の中に際限のない不安をもたらしています。

我々が、その不安から無事逃げきることができるのかどうかも不確かです。

そんな折でも、怪談ジャンキーが怪談を求めてやまないのは、何故か。

定番通り定石通り、呪い祟りや心霊の行いに翻弄《ほんろう》される人を見て、身の不幸に不安を覚える人が溜飲を下げるためなんでしょうか。それとも。

怪談は人の営みと不可分です。疫病禍《コロナ》をどうにか生きのびた後、もしかしたらまだ見ぬ怪異譚がどこからかもたらされるのか、それとも我々の誰かが怪異の側になるのか。

いや、不謹慎不謹慎。ではまた、次の機会にて。

二〇二〇年　疫月《えやみのつき》の宵にて　　加藤 一

本書の実話怪談記事は、「忌」怖い話 小祥忌のために新たに取材されたものなどを中心に構成されています。快く取材に応じていただいた方々、体験談を提供していただいた方々に感謝の意を述べるとともに、本書の作成に関わられた関係者各位の無事をお祈り申し上げます。

「忌」怖い話 小祥忌

2020年6月4日　初版第1刷発行

著者　加藤 一
カバー　橋元浩明（sowhat.Inc）
発行人　後藤明信
発行所　株式会社　竹書房
〒102-0072　東京都千代田区飯田橋2-7-3
電話03-3264-1576（代表）
電話03-3234-6208（編集）
http://www.takeshobo.co.jp
印刷所　中央精版印刷株式会社

定価はカバーに表示しています。
落丁・乱丁本は当社までお問い合わせ下さい。

ISBN978-4-8019-2263-1 C0193